Känslan av jag

Roland Andersson

Känslan av jag

Förlag: BoD – Books on Demand, Stockholm, Sverige
Tryck: BoD – Books on Demand, Norderstedt, Tyskland

ISBN: 978-91-7969-876-8

Innehåll

FÖRORD

Min inre resa påbörjades i tystnad (Ödeshög, 2012) och avslutades i eufori (Cuenca, Ecuador, 2019). Alla händelser, personer och fakta är sanning. Min sanning; det är alltså en tolkning och ska ses som en möjlig och reell verklighet. Det är min tolkning av de litteraturstudier jag genomfört. Det är min tolkning av det jag fått berättat för mig av andra och det är min tolkning av de upplevelser jag haft.

Tillsammans bildar tolkningarna en sanning, en förståelse för mig själv och för mitt inre liv. Det jag har läst och det jag fått berättat för mig har undersökts och kopplats till mitt jag och min inre struktur. Detta är inte något nytt; att vända sig inåt och försöka förstå sig själv har i de allra flesta traditioner varit en framgångsfaktor för ett lyckligare och mer harmoniskt liv.

Under min inre resa har jag fått en större medvetenhet om vem jag egentligen är och varför jag reagerar som jag gör. Medvetenheten har sannerligen transformerat mig från en frustrerad och splittrad person till en mer harmonisk och lycklig.

Som barn var jag besatt av att lära mig alla vägarna i min hemstad. Till slut kände jag till dem alla och jag visste hur de låg i förhållande till varandra. Det var lätt för mig att hitta genvägar. Kunskapen om vägarna var min sanning. En dag fick jag möjligheten att flyga helikopter över samhället. Med ett annat perspektiv fick jag en helt ny bild över hur vägarna låg i förhållande till varandra. En del av mina tidigare genvägar visade sig i verkligheten vara senvägar och tvärtom.

Min inre karta raserades fullständigt och fram trädde en helt ny struktur. Jag förstod att vissa genvägar egentligen var senvägar, men att de kunde upplevas som både snabbare och bättre. På några minuter hade en ny sanning bildats i form av en mer komplett och holistisk karta. Den buddistiska meditationstekniken Vipassana samt de sydamerikanska växtmedicinerna Ayahuasca och San Pedro har varit mina helikoptrar på min spirituella resa.

I boken ska jag försöka ge dig en bild av min inre karta och hur den har påverkat mig och mitt liv. Bilden kanske inte överensstämmer med din karta, men med min berättelse kanske den förändras något. Det är mycket möjligt att även min inre karta förändras nästa månad eller om några år. Den kan även vara intakt resten av mitt liv. Om kartan förändras eller inte beror på om jag har modet att ifrågasätta den.

Upplevelser man får genom livet, hur små och oskyldiga de än må vara, är en guldgruva. Till synes små och betydelselösa händelser som jag inte har reflekterat över tidigare har fått en helt ny mening när jag senare i livet betraktat dem ur ett annat perspektiv.

Får du en flashback när du läser texten så stanna upp och reflektera. Händelsen kan vilja berätta något viktigt för dig. När du läser och helt plötsligt blir skeptisk, arg eller kanske ledsen; stanna upp och reflektera över varför du blir det. Det är nämligen också en riktig guldgruva. Att ha modet att ifrågasätta sig själv är en av livets största gåvor. När man dessutom ifrågasätter utan värderingar börjar det hända saker.

En liten varning

Jag vill lyfta ett varningens finger redan innan du läser boken. Du kommer säkerligen att vilja prova på något av de projekt jag beskriver i texten. Men innan du gör det så gör din hemläxa och studera ämnet noga och grundligt. Hör med andra som har erfarenhet innan du slänger dig ut i det okända.

De flesta delprojekten[1] har jag genomfört relativt spontant och utan någon större planering. En del av de projekt jag utfört har varit harmlösa medan andra, i efterhand, visat sig vara mer riskfyllda än vad jag från början insett. En del av de upplevelser jag har haft har varit mycket psykiskt påfrestande.

Är man tveksam så tycker jag att man ska avstå tills man känner sig mogen. Trots min spontanitet har jag varit mycket försiktig och jag har genom åren dessutom fått en stor livserfarenhet som ibland hjälpt mig ur diverse tråkigheter.

Nästan alla människor och grupper som jag kommit i kontakt med har haft goda intentioner. Några har däremot varit ute efter att utnyttja sökare för sin egen personliga vinning. Ibland har "förövarna" inte själva insett att de är hjärntvättade vilket

---

[1] Jag har inte redovisat alla projekten eftersom den röda tråden då hade varit omöjlig att följa.

kan vara en ännu större fara för en ensam och utsatt sökare. Är man ung och/eller oerfaren är det mycket lätt att gå vilse.

Mitt bästa råd till dig är att utföra en grundlig undersökning via internet, litteratur och ditt kontaktnät innan du ger dig på nya utmaningar. Lyssna på ditt hjärta samtidigt som du diskuterar dina planer med nära och kära.

Lycka till på Din magiska resa, den som börjar nu!

Roland Andersson, Linköping den 1 Januari, 2021.

*"I searched the truth in every book,
in every line and between the lines.
Then I realized that
there are no words in heaven"*

Ayahuascapåverkad sökare

RÅDET TILL MIG SJÄLV

Shamanen petade entusiastiskt med sin pinne i den sprakande lägerelden. Gnistorna svävade långsamt upp mot den fantastiska stjärnhimlen, så olik den hemma. I den andra handen höll hon örnfjädrarna som hon nyss använt till att driva ut dåliga energier ur en ung tjej. I hennes mungipa hängde en fet cigarr som hon använt till att blåsa rök på oss sökande, på oss som ville ha svar, bli fria från något eller bara var nyfikna.

Jag satt på ett pumaskinn framför lägerelden och tittade mig omkring i Malokan[2]. Några deltagare tittade nyfiket på mig medan andra satt och grät, några log euforiskt och några halvsov. Vi var ett 20-tal deltagare som satt där och lyssnade på varandras berättelser, livsöden och frågor. Vi befann oss på Anderna på över 3 500 meters höjd och helt utan elektriskt ljus.

---

[2] En rund stenbyggnad med trätak och en 40 cm låg mur som vägg. I mitten finns en lägereld och runt muren sitter alla deltagare.

Den sprakande lägerelden och det klara månljuset var våra enda ljuskällor denna förtrollade natt.

I det dunkla skogsbrynet kunde man skönja eldflugornas dans och höra grodornas poppande ljud. Natten var magisk. Vi hade alla druckit San Pedro, en dryck utvunnen ur kaktus och som anses vara helande och hallucinogen. Det var den sista av totalt fem ceremonier. Var och en av oss skulle sammanfatta sina två veckor genom att tänka ut ett råd till sig själv.

- Soooo, Roland. What's your advice to yourself? frågade Shamanen utan att titta upp från elden och utan att sluta peta runt i glöden.

Utan att tveka, med stor lättnad och kanske med lite skam i rösten, svarade jag:

- Stop the search!

Hon skrockade till och sade något till sin hjälpreda som också började skratta.

- Indeed, stop the search, sa hon nu med allvarlig röst.

Hon lade ner pinnen som hjälpredan genast plockade upp för att fortsätta röra om i elden. Hon gick fram till mig och fläktade med fjädrarna runt mitt huvud och bröst. Hennes lungor fylldes med tobaksrök från den feta cigarren, rök som sedan andades ut över min hjässa. Röken skingrades omsorgsfullt med hjälp av örnfjädrarna. Proceduren fortsatte några gånger. Hon satte sig sedan på huk bredvid mig och iakttog mig noga, granskande mig länge.

Hon tog ett djupt andetag och flyttade sig ännu närmare. För ett ögonblick trodde jag att hon såg dåliga energier eller något annat, men så viskade hon nära mitt öra, fortfarande iakttagande:

- You dont feel lack anymore? It is pointless? The answer where so simple?
- You're as close to enlightenment as you can get, viskade hon och vände sig mot de andra deltagarna.

Hon pratade länge, ibland viskande till mig och ibland högt till alla deltagarna. Min skam och min eufori blandades i en enda salig röra. Shamanen berättade att hon inte visste om det fanns något som kallas "upplysning" och att OM det verkligen finns; går det ens att förklara ett sådant tillstånd? Och vem är det egentligen som vill nå upplysning?

Hon sade att hon kände mitt lugn och min harmoni. Det fanns inget mer att göra. Om det nu någonsin fanns något att göra? Hon sträckte sig över sina attiraljer och tog tag i en liten och vacker tygpåse som innehöll fjädrar i alla chakrafärgerna. Deltagarna avslutade sin del av ceremonin genom att ta en fjäder ur tygpåsen. Man fick inte välja utan det skulle vara slumpen, eller ödet, som avgjorde vilken färg man fick. Förvånansvärt många hade under kvällen fått röda eller gröna fjädrar.

Länge förklarade hon för var och en av oss vad färgen innebar och vad personen som valt fjädern skulle tänka på. Jag hade börjat tro att alla skulle få samma färger. Jag förde ner handen i påsen och kände att där låg massor av fjädrar. Jag rörde om dem ordentligt för att slumpa fram en lämplig fjäder. En fjäder med en färg som förhoppningsvis skulle passa mig. Handen greppade en fjäder som kändes bra och den fördes sakta upp ur påsen och fram mot lägereldens sken så att man kunde avgöra vilken färg den hade.

Det gick ett sus genom skaran nyfikna "San Pedro-patienter" och när mina ögon justerat ljuset såg jag att det var en vit fjäder.

Skrattande och flirtigt, sa Shamanen:

- We have a big white angel among us!

Hon blinkade med sitt högra öga och sade att det nog inte fanns något mer att säga.

- Perhaps you can teach for yourself? sa hon med en allvarlig röst och en frågande blick.

Jag kände mig verkligen inte upplyst, jag var verkligen inte en "teacher" och jag hade verkligen inte en "teaching". Jag hade äntligen insett, eller rättare sagt upplevt, vem jag var, vem jag inte var och att min tid av sökandet efter Jaget var över, för alltid.

I hela mitt liv hade jag velat vara någon, något stort, någon betydelsefull, annorlunda. Nu satt jag här och visste att jag var mycket större än jag någonsin kunnat fantisera om, men även så mycket mindre än jag någonsin kunnat tro.

Jag kunde inte förklara vem jag var eftersom jag inte hade ett språk som kunde beskriva det rättvist. Jag kunde inte beskriva vad jag upplevt i Malokan under min Ayahuascaceremoni, inga ord kunde rättvist beskriva magin. Det var som en insikt, en djup kunskap, en kunskap jag inte tänkt ut eller lärt mig. Bara förstått, alltid vetat. Nu, i efterhand, tyckte jag att svaret var så barnsligt simpelt att jag skämdes. Svaret hade jag ju haft med mig hela tiden. Jag var lättad över insikten om att jag kan leva med mitt Jag, mitt ego, bara förstå och acceptera det, integrera det.

Det kändes som om jag äntligen öppnat dörren till mitt hjärta. Nu behövde jag inte längre försöka komma in eftersom jag hela tiden varit på insidan.

Sökandet

Sökandet hade lett mig till hundratals böcker av olika slag, Vipassanaretreat, filosofiska diskussionsgrupper och långa pilgrimsvandringar. Sökandet hade uppenbarat sig i form av timslånga meditationer på olika platser; hemma, i kyrkor, skogsdungar och på bergstoppar. Det har fått mig att besöka medium, träffa hypnotisörer, ansluta mig till mer eller mindre skumma meditationsgrupper samt tränat upp mig i konsten att ha medvetna drömmar[3]. Slutligen hade jag nu även genomfört ett två veckor långt retreat med Ayahuasca, San Pedro och Sweat lodge på menyn.

Nu var äntligen allt detta över. Det jag hade fått förklarat för mig, det jag intellektuellt hade förstått, det hade jag nu fått uppleva.

---

[3] Det som brukar kallas "Lucid dreaming", medvetna drömmar eller klardrömmar.

"…I maintain that Truth is a pathless land, and you cannot approach it by any path whatsoever, by any religion, by any sect. That is my point of view, and I adhere to that absolutely and unconditionally. Truth, being limitless, unconditioned, unapproachable by any path whatsoever, cannot be organized; nor should any organization be formed to lead or to coerce people along any particular path. If you first understand that, then you will see how impossible it is to organize a belief…"

Jiddu Krishnamurti[4]

---

[4] Tal där Jiddu upplöser "The order of the star in the east". Ett samfund som han utsetts till ledare för.
https://jkrishnamurti.org/about-dissolution-speech

Fingret vilade andaktsfullt på vänster musknapp. Tanken var svindlande; trycks knappen ned är en resa till Sydamerika inbokad och om inte kommer antagligen ett livslångt ånger att skapas. Hörde det välbekanta klicket och såg statusmätaren på hemsidan börja fyllas med blå färg. Någon sekund senare plingar det till på mobiltelefonen; bekräftelsen. Ett välbekant sug i magen, tankar som snurrar och en eufori i hela kroppen. Jag brukar inte tänka över mina beslut speciellt länge, de flesta fattas på någon minut. Denna gång har däremot beslutet låtit vänta på sig, i åratal.

Jag tänkte på min inre resa, den som tagit mig hit. För tio år sedan var jag en ganska vilsen, ångestfylld och obalanserad person. På ytan såg man ingenting, jag var ett proffs på att dölja. Ett proffs på att visa upp en lycklig mask och en expert på att trycka ner känslorna, få dem att försvinna. Inombords var det ett virrvarr av tankar. Tankar som aldrig upphörde. Känslor som skyfflades undan, ner i mörkret, bort från masken jag bar för att inte blotta mig. Masken visade upp ett lyckat liv och en from och klok person. Allt jag skyfflat undan var bortglömt och begravt. Inte glömt för mitt undermedvetna, men mitt vakna jag var lyckligt ovetande. Jag drog på munnen av mitt ordval; lyckligt ovetande. Det jag kallade "Jag" var ovetande om det undermedvetna, men inte speciellt lyckligt.

Egentligen var jag nog som de flesta andra män. Då och då kunde jag se mig själv i andra. Många bekanta och arbetskollegor tog till flaskan eller grävde ner sig i arbete för att slippa känna tomrummet eller brottas med problemen. Uppfostran, normen i samhället, mansrollen och kulturen skriker åt oss män att pressa ner känslorna. Säger åt oss att vara framgångsrika och självsäkra, på gränsen till självgoda.

Ibland har jag undrat vad som skiljer mig från de män som inte vågar utmana sig själva till personutveckling, de som aldrig tar tag i det. Sådana som min egen far. Kanske finns det en rädsla för vad man kommer att hitta när man börjar vända på stenarna i sitt inre. Det är inte alltid en vacker syn. Ofta en smärtsam och otrevlig upplevelse.

Kanske var det menat att jag skulle vandra denna stig? Kanske har jag haft förmånen att ha spirituella släktingar på den kvinnliga sidan? Kanske var det för att jag såg att ett mönster börjar återupprepas. Att ha en underbar familj och få insikten om att ett gammalt mönster sakta men säkert håller på att framträda. Ett mönster som envist upprepat sig i flera generationer. Jag såg mönstret i min fars liv och i hans föräldrars liv.

Ångesten verkar vara ett kärt arvegods i vår släkt. Andra släkter ärver pampiga moraklockor, vi har vår ångest. Som barn kallade jag ångesten för "stenräknarkänslan". Namnet kom från den ständigt återkommande mardrömmen som följt mig som en trogen hund. Ångest; en av de få känslor jag inte lärt mig att förtränga.

Det hela vände när det såg som mörkast ut, när den inre pressen höll på att få mig att explodera. En arbetskompis föreslog en tio dagar lång meditationskurs. Det var ett så kallat "silent retreat" där man mediterar tio timmar om dagen. Efter kursen hade jag fått en ny inre karta och en större kännedom över min interna struktur. De efterföljande åren av meditation och litteraturstudier visade mig en inre prägling; jag var min utbildning, min titel, min kunskap och till och med mina egna åsikter, tankar och känslor. En inre prägling med ett bifogat beteendemönster redo att triggas igång av någon extern händelse.

Mitt intresse för österländsk filosofi, religion och antika kulturer återuppväcktes. Hyllmeter av böcker lästes, dokumentärer och videoklipp på Internet upptog timmar varje dag. Diskussionsgrupper och filosofiska sällskap kontaktades. När jag inte kom längre med meditation tog längtan att vandra över. Pilgrimsvandringen i Spanien visade mig min självbild och världsbild som svensk och den gav mig en ny förståelse för vad tacksamhet egentligen innebär.

Nyfikenheten på alternativa sätt att nå mitt inre hade lett mig till några omskakande upplevelser hos ett medium. Ett medium som såg det jag hela livet förträngt; smärta, aggression och ensamhet. Utmaning efter utmaning hjälpte mig till en ny förståelse, men det största äventyret var kvar. Vilka erfarenheter och lärdomar skulle uppnås med hjälp av

Shamaner i Sydamerika? Jag var redo att ta mig an nästa steg på min spirituella resa. En resa som förhoppningsvis skulle hjälpa mig att komma i kontakt med mitt högre Jag, mitt Själv, eller något i den stilen. Få mitt medvetande att expandera.

Vänster musknapp satte stopp för tvivlet, nu var jag äntligen på väg.

STENRÄKNARKÄNSLAN
(40 ÅR TIDIGARE)

Det var helt omöjligt att somna om. Den obeskrivliga känslan av rädsla och förvirring var tillbaka igen. Man kanske inte kan säga "igen". Som nyvaken från drömmarnas värld fanns bara ett tillstånd, drömlik vakenhet. En vakenhet, inte flera. Dagarna var flera, men den drömlika vakenheten kändes som ett tillstånd, en evighet, tidlös. Tidlös som om den drömlika vakenheten var det naturliga och dagarna emellan var själva drömmen. Tillståndets känsla sade mig att allt var mitt fel och att jag måste göra något för att ställa allt till rätta igen. En känsla av skuld. Jag visste vad jag var tvungen att göra och att det var omöjligt.

Tyst smög jag upp ur sängen, sakta så att brorsan inte skulle vakna. Försiktigt så att ingen skulle upptäcka mig. Mina små barnfötter smög sig fram till fönstret och händerna tog tag i den kalla fönsterbrädan av marmor. Mitt ansikte var upplyst av den svaga vägbelysningen och jag funderade skräckslaget på hur jag skulle lyckas att räkna alla världens stenar. De skulle räknas annars skulle något fruktansvärt hända. Jag visste inte vad som skulle hända eller vem som beordrat mig, men jag visste att det var på riktigt.

Viljan och lusten att springa in till föräldrarna för att få tröst var outhärdligt stor, men att prata med dem var uteslutet; tilliten var sedan länge borta. Jag visste att jag stod ensam i detta. Mitt förtroende för mamma var kvar. Hennes närvaro lindrade i dessa stunder även om jag inte vågade anförtro mig till henne eller till någon annan. Sade jag något till henne eller någon annan skulle kanske pappa få veta och det ville jag inte, då skulle jag känna mig ännu mindre värd....om jag hade otur.

Att söka tröst hos pappa var som att spela rysk roulett. Antingen kommer det en kula av aggressivitet och hån från mynningen eller en tröst i form av helande ord, väl valda och vägda för att fylla sitt syfte. En fantastisk inlevelsekänsla och avvägning beroende på situation. Men det var aldrig värt att chansa.

Till slut tog tröttheten över och jag somnade. På morgonen var allt som vanligt igen, men bara efter att jag pratat om vardagliga saker med familjen. Om vad vi ska göra idag eller till helgen.

Dagen efter ångestnatten var jag alltid lättad över att ingenting hade inträffat. Inget fruktansvärt hade hänt. Med tiden lärde jag mig att allt kommer bli bra hur verkligt det än kändes under natten. Drömmen var ständigt återkommande.

INCHECKNING SVERIGE

- Du där, stopp! Följ med här! sa den grova rösten.

Jag vände mig om och tittade rakt in i ett par arga ögon, spelat arga ögon. Mannen var kort och oproportionerligt muskulös. Han var i 25-årsåldern och uppenbarligen nyanställd eller så hade han i alla fall fått nya arbetsuppgifter eftersom hans äldre mentor uppmärksamt följde varje steg han tog. Jag log inombords och tänkte att han skulle se riktigt bra ut om han kunde slappna av lite. En ung George Clooney. Fast det är klart, säkerhetspersonal ska väl se lite farlig ut, det ingår i rollen, tänkte jag.

- Vi ska undersöka din packning, sa Clooneykopian bryskt.

Äntligen var det min tur att vara "the bad guy"; "bad to the bone Andersson". För några minuter kunde jag fantisera om att jag var en van knarksmugglare, så van att ingen skulle kunna hitta något. Jag slängde nonchalant upp ryggsäcken på bordet framför honom. Snabbt och effektivt slängde jag även upp vandringskängorna och handbagaget i en stor hög.

- Ska jag ta av mig brallorna också? frågade jag skämtsamt i ett försök att lätta upp stämningen något.

Han tittade på sin mentor som om att få tillstånd att skämta tillbaka. Hon såg fortsatt sur ut. Hon var säkerligen gammal i "gamet" och van att dölja känslorna väl. Säkerligen var hon även hjärtligt trött på resenärer som ansåg sig själva vara roliga.

Den lilla spaden skrubbade min packning och sedan for den in i drogtestaren. Ett pip hördes.

- Det är grönt! sa killen utan att möta min blick och fortsatte sedan nonchalant till nästa smugglare.

Jag höll tillbaka en impuls att svara honom; "Det brukar hasch vara!".

Avgångshallen var väldigt liten och redan full av människor. Vana pendlare satt och pratade i telefon samtidigt som de surfade på sina bärbara datorer. Några pensionärspar såg förväntansfulla ut och resterande resenärer såg ut att vara barnfamiljer som skulle iväg på en efterlängtad solsemester. Några barn satt väluppfostrat bredvid sina föräldrar medan andra sprang omkring och skrek rakt ut till synes utan anledning.

Jag dubbelkollade att jag hade pass och mobilen med mig och satte mig sedan för att ta en kopp kaffe. Magen började kännas konstig. Nervositeten gjorde sig påmind.

Ecuador, tänkte jag. Äntligen! Tre veckor för mig själv. På jobbet hade jag sagt att jag skulle resa runt, vandra och se på fornlämningar. Det var ju delvis sant. En vecka skulle jag ju se på kultur och sedan skulle det bära iväg på vandring i Cajas nationalpark. Det var något speciellt med höga berg. Inte för att bestiga, det var något annat som kallade mig. Något fanns där som ville mig något. Jag vet inte vad. Egentligen ville jag ju till Tibet, det hade jag velat ända sedan jag var en liten grabb. Det som lockade mig nu var något helt annat; Ayahuasca!

Jag lekte med tanken på vad som skulle ha hänt om jag sagt sanningen på jobbet. Typ:

- Jag ska prova två hallucinogena mediciner i Sydamerika. Under åtta timmar kommer jag se syner, spy, besöka andra dimensioner, kanske skita på mig och säkerligen skrika som en skolflicka av dödsångest. Detta ska jag göra om fem gånger under två veckor.

Jag smakade på orden igen; Ayahuasca, Grandmother Ayahuasca! Kanske en av världens mest mytiska mediciner med tusentals år av historia på nacken. För den inte så allmänbildade massan var det ett helt okänt begrepp. Bland ungdomar och "new age:are" hade växtmedicinen däremot nått en kultstatus. Själv hade jag drömt om att få vara med i en ceremoni i Amazonas regnskog i över tjugofem år.

Valet av Ecuador var inte en slump. Givetvis lockade ju Anderna, men den avgörande faktorn var att jag hittat ett center där Shamanerna talade engelska och förstod den västerländska kulturen. Centret låg fyrtiofem minuter från ett sjukhus vilket var en klar fördel. Tanken på att få en allergisk reaktion eller ett mentalt frispel två dagsetapper från civilisationen var inte så lockande. Andernas myggfria miljö avgjorde saken, Ecuador fick det bli.

För några vänner hade jag öppet erkänt anledningen till att jag skulle åka iväg. De hade ju sedan länge vetat om min stora fascination för psykedeliska substanser och hippieliknande sammankomster. Yngsta dotterns kompisar tyckte det var helt okej, rent av coolt. Nåja, några av hennes kompisar som tidigt avvecklat sin känsla av odödlighet kanske var tveksamma till mitt "krispaket". Någon arbetskompis jag kände förtroende för tyckte det var intressant och ville höra mer efteråt. Några hade blivit så chockade när jag berättat att de bara vänt sig om och gått sin väg. De tyckte väl att tanken på en medelålders man som frivilligt tar "droger" för att få syner var patetisk. Deras reaktion var för mig väldigt konstig. Bara vända sig om och gå iväg, hur fungerar man då som människa?

Jag log vid tanken. De flesta västerlänningar kallar det droger medan urbefolkningar världen över kallar det för medicin, växtmedicin. Helande medicin. En gåva från naturen. I fallet med Ayahuasca är det två växter som kokas ihop. Den ena växten innehåller ämnet DMT[5] och den andra möjliggör att

---

[5] DMT, N, N-Dimetyltryptamin är en kraftigt psykoaktiv enteogen. DMT kan enbart intas genom rökning eller injektion, utan kombinerat intag av MAO-hämmare. Om det intas oralt bryter kroppen ned det till fullo och drogens effekt uteblir. För att förhindra det kan man samtidigt inta en hämmare för det enzym som bryter ned drogen, en MAO-hämmare. I Sydamerika använder urbefolkningen en

man kan inta blandningen via matsmältningssystemet. Av alla tusentals växter som finns i Amazonas har de hittat just dessa två. På frågan om hur de hittat rätt växter, svarar Shamanerna självklart och förvånat; "växterna berättade det för oss".

För tio år sedan skulle jag aldrig tro på det. Nu, ja varför inte? Indianer i Amazonas hade känt till det i årtusende, Nordamerikas indianer använder Peyote, för egyptierna var detta inget nytt och Australiens urbefolkning har använt olika växter i sina ceremonier i över 40 000 år. I Europa gör berättelser gällande att både vikingar och greker använt sig av växter för att få andra perspektiv. Det var den andefattiga västerländska befolkningen som var livrädda för okända företeelser. Företeelser man inte förstår. Eller är det rent utav det ledande skiktet som är rädda att den stora skaran människor ska vakna? Det är ju väldigt lätt att styra sovande personer med åsikter.

Konstigt egentligen, tänkte jag; européer har erövrat landområden och missionerat runt om i världen. Vi har idiotförklarat och undervisat andra, men vi själva har inte lärt oss mycket av urbefolkningarna vi förstört. Det är som att hitta en antik uppslagsbok med tusentals sidor för att använda den som kaffeved. Det kändes verkligen som om jag var idioten från Europa som skulle vidga vyerna. Jag log vid ordvalet; idioten. Ju mer jag lärde mig om dessa mediciner desto mer insåg jag hur lite dagens västerlänningar vet och hur okunniga vi är.

---

brygd, ayahuasca, gjord på två olika växter där den ena innehåller DMT och den andra en MAO-hämmare. (Källa: https://sv.wikipedia.org/wiki/DMT)

Våra framgångar är fantastiska, men vi förstår oss varken på oss själva eller på vårt ursprung. Vi är vilsna och utan historia. Forskningen gör fantastiska framsteg, men den verkar inte komma den breda massan till gagn. Massan av människor som dessutom börjar vända vetenskapen ryggen. Vetenskapen som både har anklagats och hyllats för att ha fördrivit religionen blir sakta men säkert bemött på samma sätt. Blundandet för vetenskapen utgör en tagg i vårt medvetande. En tagg som borde vara en varningsklocka att något inte står rätt till, att något försöker vilseleda oss....

Jag tittade mig omkring i den nu tomma avgångshallen och insåg att flygplanets ombordstigning var klar. Tankspritt, med händerna letande efter pass och biljetter, sprang jag mot den tomma gaten, mot äventyret.

VILSEN

(2 0 1 1)

Tankarna snurrar runt i huvudet. Kan inte tysta dem, de bara snurrar runt. Samma tankar som fastnat i en loop likt en gammal repig grammofonskiva som knastrande upprepar sig. Måste hitta ett bättre jobb! Måste lösa den ekonomiska situationen! Var ska vi bo? Duger jag? Älskar någon mig? Snart får folk reda på sanningen! Vad ska jag bli? Vad ska jag göra?

När tvivlandet blir för intensivt söks något annat utanför, något att klandra eller lägga skulden på, något eller någon att lasta över allting på. Känner hur ilskan byggs upp och hur jag letar efter anledningar att skapa drama mellan mig och min fru eller varför inte någon av döttrarna, morsan eller hunden? Vad eller vem som helst duger. Drama! Jag vill ha drama! Inser samtidigt att det är mig det är fel på.

Snörar på mig skorna. Vill skydda de jag älskar. Ut, vill ut, vill prata, men har ingen att prata med. Vill ropa till dem att jag bara ska ut och gå för att samla tankarna, men slänger givetvis igen dörren hårt. Hårt för att skylla ifrån mig, som för att säga "det är inte mig det är fel på, det är ni!". En överlevnadsinstinkt. En vinst i tio sekunder och sedan insikten om att jag gjort fel igen. Ser mönstret. Jag vet att det är jag, men jag letar utanför mig själv. Alltid utanför, aldrig inom mig. Vill inte se vad som döljer sig inombords, vill inte se skammen och ångesten. Vill inte peta omkring i det, vill inte ge det näring.

Halvspringer till motionsspåret för att gå 5:an i lummig miljö. Skogen har alltid lugnat mig. Minns hur jag som barn kunde vandra i timmar och fick springa hem för att det började mörkna. De fem kilometrarna klaras av snabbt. Tankarna snurrar fortfarande och ilskan har inte lagt sig. Tankarna föder känslorna. Känslorna väcker tankarna. Tankarna är som hungriga vargar som slafsar i sig de smaskiga känslorna. Känslan av att jag är tankarna. Vargarna äter mig...

Naturen som jag annars sett som vacker och lugnande framträder nu som fientlig och oorganiserad. Den ger mig ingen tröst eller harmoni. Jag förstod att jag inte kunde gå hem, ilskan var kvar. Jag gick några kilometer till. Kände att jag fortfarande inte kunde gå hem utan satte mig på en parkbänk för att lugna ner mig. Tankarna loopar i min hjärna och jag letar efter någon att skylla på för att genast inse att det är jag och inte någon annan som är orsaken till ilskan. Känner igen mig i farsan. Måtte jag inte bli som han. Fan, jag är han!

Går sakta hem och möts i ytterdörren av mina underbara och nu pyjamasklädda döttrar. Är lugn nu, men med ett självförakt, en inre nedstämdhet, känslor av skam och skuld. De luktar tandkräm och schampo. Lyfter upp dem och inser att det är läggdags och att jag varit borta i timmar. De hänger sig runt mig och jag känner hur de sansar mig. Pussar dem god natt och sätter mig hos frugan för att försäkra henne om att jag är mig själv igen. Tittar på tv och småpratar, men tankarna som förut bara snurrat runt skriker nu i huvudet.

- *DU MÅSTE GÖRA NÅGOT! DU KAN INTE LEVA SÅ HÄR!*

Det blir måndag och jag åker upp till arbetet i Stockholm. Möter en kvinnlig kollega som varit på en kurs i meditation. Jag frågar henne om hur hon har haft det. Hon säger att det var en väldigt tuff kurs och berättar sedan länge om hennes upplevelser. Hon avslutar med orden:

- *Du borde åka Roland. Det skulle nog passa dig. Göra dig gott.*

Jag gör en sökning på Internet, hittar hemsidan och två minuter senare är jag anmäld. Jag var inte medveten om det då, men efter meditationskursen hade jag fått ett utkast till en ny inre karta. En karta som totalt förändrat mig och därmed min syn på världen. Ett helt nytt perspektiv på mig och världen omkring mig. En ny lins att betrakta med. Med den nya linsen skulle jag snart se en vacker värld igen.

ÖVER ATLANTEN

Amsterdams flygplats är enorm och staden intressant. Helst av allt hade jag velat sova över några dagar för att se staden, men nu var det ett snabbt byte och direktflyg till Quito, Ecuador. Nästa ombordstigning var tre timmar bort så naturligtvis skulle jag fika. Instinktivt gick jag fram till de smaskiga fikabröden, men i samma ögonblick jag slickade mig om munnen insåg jag att jag var under en sträng diet. Har man Ayahuasca på menyn inom några veckor får man inte äta vad som helst. Min vanliga flygmat är ju kaffe, en god öl, ostbågar, nötter och bullar. Strängt förbjudet; det fick bli lite olika frukter istället. Insåg plötsligt att jag redan slentriandruckit en kopp kaffe och tryckt i mig en ostfralla vid incheckningen.

Eftersom jag slarvat med min meditation de senaste veckorna så tänkte jag att jag kunde köra min egenhändigt påhittade meditation som jag kallade "skifta perspektivet". Övningen är kanske en aning amatörmässig, men den fungerar bra för att regelbundet öva medvetenheten och fokus på vad som händer i omgivningen och omkring "Jaget". Den är även bra för att lära sig känna igen känslan man får exakt när man inser att man sitter och tänker. Den mer alerta känslan än den "isolerade" man har när man är förlorad i tankar, när tankarna loopar kring samma sak om och om igen. Jag satte mig vid gaten och började:

✓ Sitt så bekvämt som möjligt och notera vilka ställen i kroppen som känns mot något underlag eller något externt element. *Baken och ryggen känns mot stolen och armarna ligger mot armstöden. Fotsulorna känns mot vandringsskorna. Lite pirr i benen, en lätt domning i vänster hand. Jag känner en lätt vind på kinden. Den svala vinden från fläktsystemet känns mot håret och ansiktet.*

✓ Gå igenom dina övriga sinnen och notera vad som händer. *Jag hör barnfamiljen bakom mig, fläktsystemet surrar svagt. Folk skrattar och porslinet slamrar från restaurangen bredvid gaten. Jag ser incheckningsdisken framför de stora fönstren och utanför dem en massa flygplan. Jag ser stolar, bord och ett välpolerat golv samt ett aluminiumstak. Det luktar konstläder och skurmedel. Min mun smakar minttuggummi. När jag biter i äpplet smakar det friskt och min saliv ökar. Det knastrar från munnen och smaken är god.*

✓ Fråga dig vem som noterar allt detta och börja om från början. Kommer andra tankar och stör så blunda och ta tre andetag. Notera andetagen utan att styra dem. *Jag är medveten. Vem är jag? Vem är medveten?*

Övningen och frukten håller mig sysselsatt och snart är det ombordstigning på flygplanet. De flesta passagerare är äldre spansktalande par, men det är även en del ungdomar och en uppsjö av affärsmän. Jag sitter kvar till nästan alla har gått ombord. Varför stressa in i ett plan där platsen redan är bokad?

Går sist ombord på flygplanet och slår mig ner på min plats för att genast konstatera att sätet bredvid mig är ledigt. Vilken lyx, vad är oddsen för det? Sätet var helt okej och det fanns en display som visade de senaste filmerna. Starten gick bra och snart var vi på rätt höjd.

Jag funderade på om jag skulle titta på film eller försöka meditera några timmar. I normala fall brukar jag meditera någon halvtimma, men när tillfälle ges försöker jag "slå rekordet" på dryga två timmar. Eftersom jag inte mediterat på länge fick det bli ett normalt pass och sedan film och åter film.

På Internet hade jag läst att det var en fördel att vara van vid meditation när man tar hallucinogener eftersom man får en viss kontroll på medvetandet. Det är mer troligt att man vet att man hallucinerar. Jag funderade över om man i "hallucinationen" upplever overkliga saker och samtidigt är medveten eller om man lever med i hallucinationen fullt ut? När man är förlorad i tankar vet man ju om det först efteråt.

Jag konstaterade att min syn på medvetandet innan "min inre resa" var att hjärnan skapar medvetandet och att det man ser och hör stämmer med verkligheten. Nu är "de lärde" lite mer oense. En teori är att arter som ser verkligheten som den är har mindre chans till överlevnad. Teorin har stöd i matematiken och i datasimuleringar. Det skulle alltså innebära att vi människor inte ser verkligheten som den är utan det vi ser är anpassat för vår överlevnad. Vi kanske går omkring och missar halva verkligheten?

Det finns en gammal sägen om att urinvånarna i Sydamerika inte såg européernas skepp vid första kontakten. Det var först när en Shaman upptäckt konstiga moln och vågrörelser vid skeppen som de framträdde för honom. Shamanen stannade länge vid stranden och kunde snart urskilja de, för dem, nya skeppen.

Jag mindes en bekant som hade en liknande upplevelse i Peru för några år sedan. Hon och hennes väninna hade rest långt ut i regnskogen för att leva tillsammans med en avlägsen stam som skulle ge dem Ayahuasca under några veckor. En dag hade några barn kommit till dem. Barnen ville visa dem något roligt. De förstod att det måste vara något extra intressant eftersom barnen var så uppspelta. Barnen slet i deras armar och det fanns inte så mycket att göra än att följa med dem. De blev ledda längs en liten stig in i djungeln och efter några minuter kom de fram till ytterligare några barn som skrattande undersökte något på marken framför dem. Barnen stod i en ring och min bekant lutade sig över dem för att se vad det var de tittade på. Hon och väninnan såg ingenting. Barnen skrattade och pekade, men de såg fortfarande ingenting. Tjejerna låtsades till slut se djuret, eller vad det var för någonting, och sedan gick de tillbaka till byn. Inte förrän de långt senare hört liknande historier har de berättat om denna händelse.

Jag log för mig själv när jag tänkte på deras upplevelse. Jag misstänkte att det fanns en stor chans att min syn på medvetandet kommer förändras över tid och kanske rent av med Grandmother Ayahuascas hjälp.

Den stora skillnaden, jämfört med min tidigare bild av medvetandet, är att jag nu anser att medvetandet är det grundläggande. I medvetandet finns det objekt som kommer "utifrån" via våra fem sinnen samt känslor och tankar. Till en början tillhörde de sistnämnda "Jaget" till skillnad från synintryck och så vidare. Nu tänker jag att tankar och känslor är skilt från "Jaget", mer som att "Jag" är den som känner till dem. En stor skillnad. Jag ser ju bilar som inte är jag, jag hör fåglar som inte är jag, jag hör tankar och ser bilder som hjärnan producerar, men behöver de vara en del av "Jaget"? Just denna förändring i medvetandefrågan är enorm. Att skilja tankarna från Jaget gör det lättare att inte ta dem på så stort allvar.

Jag har även stor nytta av att jag allt oftare är medveten om att jag observerar när saker händer, och vad som då sätts igång inom mig. När man är medveten om att man observerar är man inte i lika hög grad styrd av det undermedvetna och dess automatiska reaktioner.

Jag funderade över var jag hade varit om jag inte börjat med meditation. Det kändes om att det var meningen att jag skulle presenteras för Vipassana.

VIPASSANA

(2 0 1 2)

- *Tack Roland, du har gjort mycket bra ifrån dig under intervjuerna! sa rekryteringskonsulten.*

Hon fortsatte;

- *Dessvärre visar testerna att du är extremt utvecklings-inriktad, något som inte efterfrågas för den här tjänsten. Dessutom har de andra sex utvalda mycket större erfarenhet av att vara chef än vad du har. Men du har gjort bra ifrån dig, nu är det bara att hålla tummarna så hör vi av oss. Vi ringer dig!*

Mina steg ut ur byggnaden kändes lätta. Var det något jag var bra på så var det positivt tänkande. Jobbet var ju redan mitt. De visste bara inte om det än. Dessutom hade jag skrivit ett CV som talade för sig själv.....även om jag inte riktigt kände igen mig i det.

Utanför myndigheten, i den azurblåa Ford Focusen, satt min fru och väntade tålmodigt på mig. Hon vinkade glatt åt mig när hon såg mina stolta steg mot bilen och jag vinkade tillbaka. Jag tog av mig kavajen, vek ihop den och slängde in den i bagaget. Satte mig i passagerarsätet och pussade henne lätt på kinden. Hon bad mig berätta hur anställningsintervjun gått medan hon styrde bilen ut ur Linköping och mot Vipassanacentret i Ödeshög. Några mil senare hade jag berättat allt om jobbet, intervjun och vad jag skulle göra när jag blev chef för den interna servicen. Självkännedomen och självförtroendet var på två helt olika sidor av skalan.

I höjd med den berömda runstenen, Rökstenen, svängde vi in mot centret och för första gången blev jag nervös. Skulle jag klara tio dagar i total tystnad? Skulle jag stå ut med att inte få tala med min fru eller mina barn på mer än en vecka? Detta var dessutom den längsta tid vi någonsin varit ifrån varandra.

Jag hoppade ut ur bilen i mina kostymbyxor, svarta välputsade läderskor och min oklanderligt strukna skjorta. Det var verkligen inte min klädstil. Kände mig falsk i kläderna då de verkar vara designade för att passa översittare.

Centret var naturskönt beläget på Östgötaslätten. Byggnaderna var vackert placerade bredvid en mindre lövskog. Från skogen hördes ett dovt fågelkvitter och ifrån den närbelägna sjön Tåkern ljöd ett öronbedövande sorl. Ljudet kom från de nyss anlända flyttfåglarna. Huvudbyggnaden liknade en gammal skola och runt den fanns två större byggnader som jag senare förstod var sovsalar.

Några Vipassanameditatörer strövade sakta omkring på området i sina mjuka och följsamma kläder. De verkade inte bry sig om att vi kom. Jag kramade om frugan och försökte göra avskedet så kort och skonsamt som möjligt eftersom jag förstod att det skulle bli känslosamt. Jag tittade efter bilen när hon for iväg. Hon stannade redan på första mötesplatsen några hundra meter längre bort.

Jag visste att hon grät, det smärtade i mitt bröst, men samtidigt visste jag att jag skulle behöva vara här de tio dagarna.

Jag slängde upp min sportbag över axeln och gick mot skylten "Registrering" som pedagogiskt visade vägen mot entrén på huvudbyggnaden. En typiskt svensk veranda med en vacker tvådelad dörr välkomnade mig framme vid huset. De små prydliga skyltarna uppmanade besökarna att ta av sig skorna innan de trädde in i byggnaden. Skorna som stod uppställda utanför var vandringsskor, lättare sandaler och några bekväma tofflor. Mina svarta välpolerade skor kände sig säkert både malplacerade och ensamma i den bråkiga skaran fotriktiga skor. Ännu fler skyltar ledde mig till registreringen.

Jag förstod direkt att man åtskilde män och kvinnor så jag gick fram till männens registreringsbord. Mannen hälsade mig välkommen på engelska. En korrekt engelska med en dansk brytning. Jag fyllde i blanketten han gav mig, lämnade in värdesaker och min mobiltelefon. Han förklarade vilka regler som fanns och sedan fick jag en lapp som visade vilket rumsnummer och vilken säng som var min under de kommande tio dagarna. Jag skämtade lite lättsamt om mitt blivande munkliv, men antingen fanns det ett språkligt glapp mellan oss eller så var detta inte ett ställe för lättja, trevliga fraser eller glädje.

Jag sneglade mig lite omkring när jag gick mot min byggnad iklädd mina utstickande kläder. Det skulle bli skönt att slänga på sig träningskläder och smälta in i omgivningen. När jag stegade in i byggnaden med sovsalar slogs jag av hur många elever som redan kommit till centret. Några pratade lågmält med varandra medan de andra låg och läste broschyren man fått som innehöll information och regler. Jag hittade min säng och insåg att jag var den första eleven i salen. Det var totalt fyra sängar. Jag klädde av mig och vek ihop mina kläder, packade upp ombytet för mina tio dagar som jag dessutom sorterade upp så att jag snabbt och effektivt skulle kunna byta om. Sist jag sovit med andra män var i lumpen och då var förberedelser viktiga. De följande dagarna skulle visa mig tvärt om. Tid har man gott om, inga som helst förberedelser behövs. Man hinner göra allt på rasterna mellan de timmeslånga meditationspassen.

Jag tog en promenad på centret och till min stora glädje fanns det en liten stig bakom huvudbyggnaden. Stigen ledde in i lövskogen. Där kunde jag ju promenera om meditationen visar sig vara trist, tänkte jag segervisst. Runt stigen hängde ett blått, tunt rep som senare visade sig vara en avspärrning. Man fick inte under några omständigheter lämna centret under de kommande tio dagarna. Stigen gick runt i en cirkel och var endast ett hundratal meter lång. Att det var en kort stig gjorde inget. Den gick ju i skogen och var det något jag gillade så var det promenader på skogsstigar, hur korta de än var.

En gonggong ljöd och jag förstod att det var samling och information i stora matsalen. Väl inne i salen betraktade jag mina medmunkar och mednunnor. De var i blandad ålder, de flesta runt tjugo, men varje decennium från 1930-talet och framåt fanns nog representerat. Fanns det något gemensamt för församlingen var det nog att ganska många såg ut att vara "veganer".

Veganer var för mig, vid denna tidpunkt i mitt liv, människor som var aggressivt inställda till alla former av exploatering av djur. De levde i torp i skogen eller i stadsdelar som Södermalm i Stockholm. En del verkade inte använda hårvårdsprodukter utan håret var format i långa rastaflätor som sträckte sig ner över ryggen. Föga visste jag då att jag inte skulle äta kött på flera år. Den vegetariska kosten som serverades visade sig passa min kropp som handsken.

Maten var dessutom utsökt god. Helt överlägsen köttkosten som närt mig i över fyrtio år.

En kvinna i min ålder hälsade oss välkomna och började informera genom att läsa högt ur en broschyr. Jag tyckte först att det var fantasilöst att bli välkommen på detta mekaniska sätt, men efter att varit på fyra 10-dagarskurser vet jag att Vipassanacenter runt om i världen fungerar på samma sätt och är fantastiskt smidigt organiserade. De tar emot hundra deltagare på ett mycket professionellt sätt och kurserna arrangeras dessutom av frivilliga "servare". Kvinnan läste extra noga de speciella reglerna:

"Alla som deltar i en Vipassanakurs måste under kursperioden samvetsgrant iaktta följande fem föreskrifter:

- ✓ *att avstå från att döda någon levande varelse;*
- ✓ *att avstå från att stjäla;*
- ✓ *att avstå från all sexuell aktivitet;*
- ✓ *att avstå från att ljuga;*
- ✓ *att avstå från alla berusningsmedel.*

Gamla elever (de som har fullföljt en tiodagarskurs med S. N. Goenka eller någon av hans assistentlärare) förväntas följa ytterligare tre föreskrifter:

- ✓ *att avstå från att äta efter kl. 12.00;*
- ✓ *att avstå från förströelser och kroppslig utsmyckning;*
- ✓ *att avstå från att använda särskilt höga eller lyxiga sängar.*

Efter informationen ombads vi gå till våra rum och prata med våra rumskamrater. Det var viktigt att komma överens om regler för vädring, städning och så vidare. Efter detta korta samtal ombads vi att vara tysta de kommande nio dagarna. Inte söka kontakt via tal, beröring eller blickar.

Kort därefter var det dags för första meditationspasset. En servare, det vill säga en tidigare elev som anmält sig frivilligt att hjälpa till att hålla kursen, ropade upp våra namn.

När vi gick in i meditationssalen fick vi en lapp med ett nummer på. Jag tog lappen och konstaterade att jag skulle sitta på bakre raden. Senare under veckan kom jag underfund med att de som hade mest erfarenhet av Vipassana satt längst framme i salen medan vi rookies satt längst bak. Ungefär som i skolan, log jag för mig själv.

Salen var spartanskt inredd. Svarta gardiner stängde ute vårsolen som försökte bryta sig in. Man blev tilldelad en madrass, några kuddar samt en filt. När alla kommit till rätta i salen öppnades dörren längst fram till vänster och en from liten man stegade försiktigt in i salen. Han visade sig senare vara italienare, helt oavlönad och en mycket sympatisk man. Vigt intog han sin plats på det lilla podiet och började informera oss. Servarna översatte hans charmiga engelska till svenska.

När informationen var över startade han ett kassettband och första lektionen hölls av Guenka; grundaren till centren runt om i världen. Jag reagerade som vanligt starkt på att det var ett kassettband som guidade oss och ingen riktig människa. Dessa kassettband visade sig sedan vara väldigt effektiva och jag insåg att det är det enda sättet att få en hög och jämn kvalitet på undervisningarna runt om i världen. Läraren svarar på frågor efter sista föreläsningen och man kan dessutom boka enskilda samtal under dagen ifall man har några frågor eller funderingar.

Maten var utsökt god. Man uppmanades att inte äta en hel portion eftersom det skulle försvåra meditationen. Maten intogs givetvis under total tystnad. De första dagarna åt man alldeles för mycket och för snabbt, men mot kursens slut tog alla mindre portioner. Man kunde se hur sakta alla smakade och tuggade på maten. En del elever betraktade skeden länge innan de förde den mot munnen. Jag kan lova att maten var betydligt mer vältuggad dag nio än dag två!

Efter maten var det rast och sedan började meditationen igen. Sedan följde korta raster och meditationer om vartannat till kvällen då det serverades en varm dryck för gamla elever samt frukt åt de nya eleverna. Kvällens absoluta höjdpunkt var teorilektionen som framfördes via CD eller DVD. Lektionen följdes upp av en kort frågestund där man fick tillfälle att ställa frågor till läraren. De flesta skyndade sig sedan snabbt i säng eftersom det var sent på kvällen och för att man skulle bli kallad till meditation redan 04:00 igen.

De första dagarna var tuffa. Jag funderade över om det var en sekt man hade kommit till och hur de lurade folk på pengar. Det var ju inget tvång att betala för sig. Jag skärpte snart till mig och började gå in för meditationen istället för att gnälla i min ensamhet.

Meditationen

Under de tre första dagarna lärdes Anapana ut. Det gick ut på att betrakta sin andning. Bara betrakta utan att förändra andningen. Observera hur luften färdas in och ut, om höger näsborre används mer än den vänstra, om luften som kommer in i näsan är kallare än den som färdas ut. Dagarna gick och snart kände jag förnimmelser och sensationer i området runt näsan. Kroppen värkte efter allt stillasittande och jag började bli hjärtligt trött på centret. Jag satt ibland och fantiserade om att rymma och att symboliskt och demonstrativt hänga ut ett lakan genom fönstret. Men jag insåg *snart att meditationen antagligen skulle göra mig gott, så jag besinnade mig och försökte glömma dessa barnsliga tankar.*

Det svåraste var att ignorera sina tankar. Hela tiden dök bilder, funderingar, grubblerier och lösryckta meningar upp i medvetandet. Ibland ältades ett betydelselöst problem om och om igen. Det spelade ingen roll hur litet och ynka problemet var. Ibland tyckte jag att tiden gick fort, men insåg allt som oftast att jag suttit och tänkt hela tiden. Förlorad i tankar istället för att betrakta det som sker i nuet. Dagarna gick plågsamt sakta, men så småningom lugnade sinnet ner sig. Tankarna kom allt glesare och glesare.

Dag fyra lärdes Vipassana ut. Man skulle börja ifrån toppen av huvudet och känna efter förnimmelser. Sakta gick man nedåt och undersökte om man kände något i kroppen. Det kunde vara vad som helst; kyla, kittlingar, smärta, värme eller något helt annat. Det viktiga var att inte reagera negativt eller positivt på förnimmelsen. Bara observera förnimmelsen med vetskapen om att den var temporär. Redan den första minuten av den nya sorten av meditation var jag fast. Jag kände mycket stickningar, kliande och värme redan på huvudet. Detta skulle bli lätt, tänkte jag. Jag hade rätt och så fel. Efter dagar av meditation var jag helt utmattad. Det krävdes stor beslutsamhet för att fullfölja meditationen trots smärtan i kroppen och det inre klagandet.

Efter flera dagar av smärta och kramp började min kropp sakta men säkert att komma tillbaka till sitt normala tillstånd. Musklerna kändes avslappnade, men smärtan under själva meditationen verkade inte försvinna. En elev frågade läraren om detta under kvällen på frågestunden och han förklarade med ett stort leende att alla har erfarenhet av det här. Alla får ont, ben som domnar, men det är ingen fara. Han tillade med glimten i ögat: bara observera, även detta kommer att passera. Det viktiga är att inte reagera!

En av poängerna med Vipassana är att undvika att reagera blint på sina gamla invanda mönster, att lära sig känna när de är under uppbyggnad. Det gäller att stå ut med plågan och reaktionerna i kroppen. Kroppen vill automatiskt fly och reagera, som den alltid vill. Det är svårt att inse just i stunden, men det man ska lära sig är att i lugn och ro observera sina förnimmelser och känslor med insikten om att inget är beständigt. Allt kommer och går.

Plötsligt når man en gräns där man slutar att kämpa emot, man ger upp och då upphör smärtan. Man inser det viktigaste, att lära sig vara i det som är; i stunden, nuet. I nuet är man alltid, men vitsen är att inte reagera enligt sina gamla mönster eller att bygga upp nya scenarios eller fantasier i huvudet. Jag insåg hur spänd jag var och hur mycket rädsla, frustration och aggressivitet som fanns i mig. Jag var denna frustration. Jag såg klart hur splittrat mitt sinne var och hur mycket jag missade av det som faktiskt pågick i verkligheten.

En annan klart märkbar skillnad var hur jag upplevde naturen under veckan. I början gick jag mest och funderade över oväsentligheter, men mot slutet av veckan kunde jag gå och riktigt njuta av skogen utan att tänka på allt och alla. Mina sinnen blev mycket skarpare och snart hörde jag skogsmössens spring under löven, fåglarnas flaxande i luften och trädens viskande i vinden. Mitt sinne blev skarpare, precis som de lovat.

Efter dagar av att känna efter förnimmelser i kroppen fick jag en helt ny uppfattning av omgivningen. Det var som om energier i kroppen triggades av yttre händelser. Om jag tänkte på något snällt som någon sagt kunde jag känna en ilning längs ryggraden. Tänkte jag på min frus morfar kände jag reaktioner i kroppen. Han stod mig nära och nu kände jag reaktionen i kroppen, något jag aldrig känt förut. Jag kände ibland av andras medlidande för varandra. Det var som om de skickade energier mellan varandra och detta kändes även i min kropp. En helt ny känsla som tyvärr avtar när jag slutar meditera enligt Vipassanas metoder. Centrets skyddade miljö gör det lätt att stänga ute världens brus, men när man är ute i verkligheten "förslöas" sinnet igen.

Under min tid på centret lärde jag mig att man kan se på Vipassana som en fjäril och dess två vingar. Vingar med två viktiga funktioner. Medvetenhet och Sinnesjämvikt. Båda vingarna måste vara lika stora annars blir flygningen omöjlig. Under veckan blev vi medvetna om förnimmelser över kroppen. Medvetna om dessa, och att inte reagera på dem.

Att träna in beteendet att inte reagera skulle visa sig fungera även utanför centret. Det är ovärderligt att ha en sinnesjämvikt som hjälper en att behålla lugnet och inte falla in i gamla mönster, inte skapa nya. Bara iaktta känslan av motvilja eller begär och låta mönstren sakta klinga bort.

Det hela blev tydligt för mig. Ofta hade jag upplevt något genom mina fem sinnen eller via tankar och känslor och reagerat instinktivt. Det var som en väl insmord process. Någon säger några ord som kommer in via min hörsel, mitt Jag analyserar vad som sagts, hur och varför samt av vem. Baserat på mina tidigare erfarenheter, mina minnen och värderingar får jag antingen en bra känsla eller en dålig. Jag reagerade ofta instinktivt på känslan. Kan jag istället ha sinnesjämvikt och observera istället för att reagera får jag tid till att reflektera över känslan och händelsen. Jag kan välja att agera istället för att reagera. Min väl insmorda process försvagas varje gång jag inte använder den fullt ut. En känsla av frihet infinner sig.

Läraren berättade efter kursen att Vipassanameditation lärts ut på fängelser runt om i världen med mycket bra resultat. Många som är kriminellt belastade har inte kapaciteten att stanna upp och tänka efter utan de reagerar ut sin frustration direkt. En blind reaktion baserad på hur de är formade som människor. Jag kan känna igen mig i detta även om jag aldrig varit i klammeri med rättvisan.

De två sista dagarna lärdes den tredje och sista delen av meditationen ut. En slags "tacksamhetsmeditation" för att sprida kärlek och harmoni till alla varelser. Jag ställde mig givetvis tveksam till detta i början, men så mindes jag att jag ofta har känt en olustkänsla i vissa fikarum på arbetsplatserna som jag varit på. Man kunde känna osämjan i luften. Det var som om en energi hade kletat fast sig på människorna och i rummet. På liknande sätt kan man sprida harmoni och som då uppfattas av andra, men oftast då på ett mer diskret sätt.

Jag återkom årligen till Vipassanacentret för att fördjupa min meditation. På centret var meditationen enkel, men väl hemma i vardagen märkte jag snart att jag inte hade disciplin att bibehålla två timmars daglig meditation som tekniken kräver. Däremot så hade jag nu fått en insikt om hur bra tekniken fungerar för att undvika att reagera blint. Meditationen väckte mitt intresse för österländsk filosofi och jag försökte läsa så mycket som jag kunde på fritiden efter jobbet.

Anmärkning:

Under meditation kan man ibland råka ut för olika "biverkningar". Det kan vara upplevelser av olika slag. Dessa kan vara väldigt besynnerliga, konstiga och alldeles underbara. I Vipassana är det väldigt viktigt att enbart observera upplevelserna utan att utveckla begär eller motvilja mot dem. Huvudsyftet med meditationen är ju "fjärilens jämvikt" som jag talat om, inget annat. Om man börjar få andra mål med meditationen är det lika bra att byta meditationsform helt och hållet.

Exempel på "biverkningar" som jag fått är:

- ✓ *att man får en känsla av att man svävar*
- ✓ *se sig själv och omgivningen utifrån*
- ✓ *uppleva behagliga energiströmmar i kroppen*
- ✓ *uppleva att man är ett med allt.*

AYAHUASCACENTRET

Satte mig upp i sängen efter att ha stirrat i taket mest hela natten. Såg mig omkring i rummet för att äntligen få uppleva det i dagsljus. Vid den alldeles för korta sängen stod ett litet nattduksbord konstnärligt tillverkat av rotting. Vid dörren till korridoren stod en enkel bokhylla och ett litet bord. Min ryggsäck låg ouppackad bredvid sängen och mina kläder jag haft på flyget låg slarvigt på golvet. Väggarna var kalkvita och på kortsidan vid motsatt sida av sängen hade någon målat en bild av Grandmother Ayahuasca. Senare fick jag veta att man kunde måla, diska, arbeta i trädgården eller utföra enklare sysslor på centret mot att slippa betala avgiften för Karma Yoga. Det var en liten summa pengar man sparade, men de flesta som jobbade gjorde det för att vara en del av centret. Att få hjälpa till och känna sig delaktiga, att tillhöra.

Jag tänkte på gårdagen och min sena ankomst till flygplatsen i Cuenca, Ecuador. Där skulle jag bli hämtad av en chaufför som skulle ta mig till centret. Ingen chaufför syntes vid parkeringen så jag gick omkring i den stängda ankomsthallen och tittade i skyltfönstren. Plötslig såg jag en yngre man sitta på sin ryggsäck intill drickaautomaterna vid parkeringen. Jag gick sakta mot mannen samtidigt som jag granskade honom. Han var ganska lång och mager. Hans hår var halvlång och han bar ungdomliga kläder. Uppskattade hans ålder till 25-30 år. Jag presenterade mig och frågade om han också väntade på skjuts. Det stämde, det visade sig att han var från Storbritannien och skulle till samma center som jag. Vi pratade någon timma tills chauffören slutligen dök upp och tog oss uppför de slingrande bergsvägarna till centret där vi skulle bo i två veckor.

På centret blev jag och engelsmannen väl mottagna av hjälparbetarna som kramade oss och hälsade oss välkomna. Jag kom senare att förstå att kramar var vanligare än ett simpelt hej. Här på centret kramas man!

Hjälparbetarna kallades exchange workers och bestod av tidigare deltagare. De flesta hade tagit Ayahuasca många gånger och var väldigt erfarna vid psykedeliska mediciner. En ung amerikansk kille, Paco, tog hand om mig. Paco såg ut som en skådespelare med sin resliga kropp, sina mörka ögon och sitt sneda leende. En ung Al Pacino fast med mer latinamerikanska drag. Han visade mig rummet, var matsalen låg och var duscharna fanns. Han föreslog att jag skulle ta en dusch och att han skulle värma en soppa åt oss under tiden.

Efter duschen åt vi soppa tillsammans och han berättade om hur han hamnat på centret. Han hade haft en strulig uppväxttid, men kommit i kontakt med växtbaserad medicin i form av svampar genom en kompis. Han hade en bra upplevelse av svamparna så han och flickvännen bestämde sig för att prova Ayahuasca i Peru och Ecuador. Flickvännen hade återvänt hem till San Fransisco och sina universitetsstudier. Paco, som kunde spanska, passade på att resa omkring i Sydamerika för att lära sig kulturen och för att träffa nya människor. Han tittade upp från soppskålen när den var tom och frågade mig hur jag kommit i kontakt med "the plant medicine".

Jag imponerades av hur snabbt han lyckats sörpla i sig soppan samtidigt som han berättat sin historia för mig. Han blev förvånad över att jag aldrig provat svampar eller LSD och att jag vågat ge mig på Ayahuasca direkt. Det var ju en av de mest potenta plantmedicinerna och kan upplevas som väldigt skrämmande, berättade han för mig. Jag förklarade att jag lärt mig om medicinen ett tjugotal år tidigare när jag fick tag i en gammal fotobok från Peru. I boken framkom det att Shamanen och patienten tar medicinen tillsammans för att få reda på problem och eventuellt vilka växter man skulle använda för att hela patienten.

Jag berättade att jag hört att många konstnärer och artister provat medicinen med fantastiskt bra resultat. Man kunde tydligen även ställa frågor till Grandmother Ayahuasca för att få svar på sina funderingar. Paco nickade och bekräftade att man kan ställa frågor och sa att han upplevt det som om det är både han som frågar och svarar. Svaren var väldigt träffsäkra och ofta självklara i efterhand.

Jag berättade att jag mediterat i många år och dessutom vandrat en del i Spanien. Vandringen och meditationen hade hjälpt mig mycket. Paco blev nyfiken på hur jag mediterar. Jag berättade att jag provat lite olika typer av meditation, men att jag fastnat för Vipassana. Paco hade hört talas om det och log under lugg samtidigt som han försökte få upp de sista dropparna ur den andra portionen soppa med sin brödkant. Han undrade om det var sant att man skulle vara helt tyst i tio dagar. Jag bekräftade att man skulle var helt tyst, i alla fall nio av de tio dagarna och tillade att man inte heller fick skapa kontakt med någon annan under dessa dagar, inte ens se någon i ögonen.

Paco undrade nyfiket vad jag fått ut av Vipassana. Jag funderade en stund eftersom det gett mig väldigt mycket, men om jag fick välja en sak så var det nog att jag hade lärt mig se saker för var de var. Att inte reagera blint på allt jag råkade ut för. Man kan nästan påstå att allt händer inom mig, inget sker utanför. Helt enkelt; jag hade lättare för att "lägga band" på mig och se mina triggers, mina ömma punkter.

Paco såg skeptisk ut så jag fortsatte; Vipassana går ut på att man ska försöka känna förnimmelser i kroppen. I början var man fokuserad på smärta och kramper. Efter någon vecka blev sinnet skarpare och då kunde man känna mer av sin kropp. Förnimmelser kändes över hela kroppen. Man kunde även observera känslor när de dök upp i medvetandet. När de kom så stannade man vid känslan för att undersöka om man kunde känna hur den kändes och var i kroppen den upplevdes. Oftast försvann känslan efter någon minut. Just detta att man kan stanna upp vid en känsla och inte leva ut den hjälpte mig mycket, berättade jag.

Ibland hade jag retat upp mig vid ett arbetsmöte för att direkt agera ut och vädra mina åsikter helt ogenerat. Senare under dagen kunde jag ångra mig och undra hur jävla dum jag varit som uttryckt mig så klumpigt och okänsligt. Efter Vipassanakursen var det lätt att känna ilska i kroppen och stanna där. Man kunde lugnt analysera situationen för att sedan välja om man skulle agera eller inte. De spontana och blinda reaktionerna kom allt mer sällan. En fantastisk vinst att själv kunna avgöra när man ska agera istället för att reagera blint efter den prägling man har fått genom livet.

Jag satt på sängen och log vid tanken på gårdagen och hur väl jag blivit mottagen. Bestämde mig för att äta frukost och sedan se mig omkring i omgivningarna runt centret. Jag kunde inte förstå att jag äntligen var här. Det kändes overkligt; om några dagar skulle jag få medverka i en ceremoni som har flera tusen år på nacken. Använda en av alla växtmediciner som använts i nästan alla kulturer i alla tider. Det kändes som om att jag nyss varit på min första kurs i Vipassana och nu var jag äntligen här.

Sakta gick jag upp för trappan som ledde till frukostterrassen. Benen kändes möra och pulsen ökade snabbt. Den tunna luften var verkligen ansträngande. Kände man av höjdsjuka kunde man fråga efter te gjort på kokablad. Teet var effektivt och snart var man symptomfri.

Frukosten var spartansk, men helt okej. Nu behövde jag inte tänka på dieten, allt som serverades kunde ätas även av de som skulle delta i ceremonierna. Fanns det undantag på menyn så blev man varnad av små skyltar med orden "No ayo".

Bredvid köksingången fanns en tavla med dagens aktiviteter samt ett anmälningsformulär till Reningsceremonin med en av Shamanerna. Jag skrev på listan direkt eftersom jag var nyfiken på hur det skulle gå till. Ceremonin skulle hållas någon gång under första dagen, när alla deltagare var på plats. Jag märkte att många av centrets hjälparbetare ville ha en rening av Shamanen. De talade lyriskt om hur mycket Shamanen hade hjälpt dem med sina problem.

Promenaden runt centret tog några timmar. I vanliga fall hade vandringen nog inte tagit mer än någon timma, men den höga höjden tog ut sin rätt. Det blev många raster. Under vandringen slogs jag av hur många Kolibris det fanns och hur svåra de var att fotografera. De var verkligen skygga. Centrets hundar var däremot mycket lättare att få tag i. De följde gärna med på vandringarna i bergen.

Centret var stort och jag fick förklarat för mig att grannarna nyttjade marken till deras kor. Korna såg snälla ut, men man fick inte under några omständigheter klappa dem. Runt hagarna pågick mycket byggnation och senare förstod jag att man gärna fick bygga och bo på centret mot ett arrende av något slag. Grannarna och byn i närheten var hjälpsamma. De var tacksamma emot centret eftersom de samarbetade bra med centrets ägare. Befolkningen fick arbete och ibland även gåvor från ägarna och deltagarna i centret. Det var välkommet eftersom fattigdomen var utbredd även om ingen svält rådde i omgivningen. När kvällen kom var det inget problem att somna, höjden och tidsskillnaden stoppade om mig som ett litet barn.

KÄNSLAN AV JAG
(2014)

Ett harmoniskt mörker. Helt svart. Ett tidlöst harmoniskt mörker, helt svart. Harmoni. Tidlöshet. En plötslig aning om rörelse. Ett svagt sken. Ett svagt rött sken. Rörelse. Medvetenheten om rörelse. Tid skapas. Lemmar som famlar. Medvetenheten om lemmar som famlar. Vit bakgrund mot rött sken. Lemmarna är armar, vit bakgrund är vägg. Medvetenhet om mina armar, sätter mig upp. Medvetenheten om mig, om jag. Medvetenhet om säng. Jag sitter i sängen. Jag är i ett hotellrum. Minns att jag är i Stockholm. I Stockholm på arbete. Minns vem jag är. Allt kommer tillbaka snabbt. En tanke på ett jobbproblem. Tanken skapar en känsla av obehag i magen. Måste lösa problemet. En svag stenräknarkänsla.

De senaste åren har jag rest mycket och sovit på hotell regelbundet. Ibland har det varit svårt att veta var och vem jag är när jag vaknar. Även hemma har jag ibland svårt för detta, men denna upplevelse var fantastisk. Från att ha legat vaken länge utan någon kunskap och sedan se hur "objekt" sakta ramlar in, justeras eller uppstår i medvetandet. Insikten om hur känslor uppstår, sitta på första parkett och se hur tankar skapar känslor och tvärt om. Hur bilder och symboler framträder i medvetandet. Jag upplevde först en harmoni utan ansträngning, objekt skapas och knyts till jaget. Ett jag som framträder. Energimängden som sätts igång när personen, egot skapas. Energin för att bibehålla egot. Känslan av jag.

Medvetandets tillstånd

Den drömlösa sömnens harmoni byts ut mot det vakna tillståndets "objektifierande" tillvaro. Objekt som knyts vid känslan av jag, knyts vid egot. Jag är ett yrke, en pappa, en partitillhörighet och en mätbar uppskattning av duglighet. Jag har en bostad i ett visst område, har en klädstil som vill säga något, utbildning, värderingar och åsikter, massor av åsikter.

Objekten och egot binds samman av en slags dragningskraft[6] som å ena sidan kan vara så svag att en omloppsbana knappt kan etableras å andra sidan så stark att de två knappt kan åtskiljas. När de starkare bandens objekt ifrågasätts skapas konflikt, en inre konflikt. Medveten eller omedveten. Känslor av obehag eller lust triggar igång beteendeprocesser som ibland kan vara helt omedvetna. Tillvaron levs i varierande grad av uppmärksamhet, olika grad av medvetenhet. Allt från ett beteende med blinda reaktioner till ett övervägt agerande. Det är som att dragningskraften styr beteendet.

Det vakna tillståndets varande byts ut mot drömmens tillvaro. I drömmen är känslan av jag närvarande, likaså objekten och banden. De finns och är bevittnade av samma sinne, samma känsla av jag. Dolt direkt under ytan, i skuggan av egot, finns det okända. Det så kallade undermedvetna. Det undermedvetna klär sig i det medvetnas kostym och försöker förmedla sig. Det undermedvetna som även finns

---

[6] Präglingar, det vill säga attachments.

i vaket tillstånd. Objekt, dragningskraft och egot upplevs av samma sinne, men närvaron är starkt försvagad. Närvaron som finns i vakenhet och dröm kan växa så att beteendemönster identifieras. Medvetna drömmar[7] kan utforska det undermedvetna, skuggaspekter av sitt jag. Upplevelser man förträngt.

De två tillstånden kompletteras av ett tredje; den drömlösa sömnen där sinnet är helt frånvarande. En mycket svag medvetenhet finns. Medvetenhetens ljus har inget sinne att belysa, inga objekt att belysa och därmed finns ingen stark känsla av jag. Ingen känsla av mitt enskilda jag. Inga objekt och därmed ingen dragningskraft, inga präglingar, ingen konflikt.

Det "fjärde tillståndet" och "femte tillståndet", kan liknas vid ett grundämne som möjliggör de tre övriga tillstånden; vaken, dröm och drömlös sömn. Som ett halsband, ett armband eller en ring gjort av grundämnet guld. Samma grundämne fast olika objekt. Det fjärde är det sanna, tomma vetandet som betraktar allt. Ett enda inget som betraktar de individuella jagens perspektiv. Betraktaren. Det femte tillståndet omfamnar och innesluter allt som en ocean skapar och sväljer vågor.

Det är "allt". Det är i det fjärde och det femte tillståndet "vi" möts i "jag".

---

[7] Se Lucid dreaming, medvetna drömmar eller klardrömmar.

Anmärkning

Självundersökande traditioner världen över har ofta det gemensamma att de landar i att medvetandet (Consciousness) har fem tillstånd (states). Vaket, dröm, drömlös sömn, Turiya och Turiyatita. En förklaring till att de olika traditionerna har kommit fram till en gemensam bild är att tillstånden kan upplevas via meditation.

Däremot har de äldre självundersökande traditionerna ingen erfarenhet av Structure of consciousness[8]. Detta beroende på att "modellen" vuxit fram under det senaste århundradet. Detta tack vare västvärldens lärda inom bland annat psykologi och filosofi. Strukturen kan man inte nå och uppleva via meditation utan det är en erfarenhetsbaserad modell baserad på patientunderlag.

---

[8] Läs gärna Ken Wilbers böcker om detta.

MEDITATIONSKURS

Vaknar tidigt av solens strålar i mitt ansikte. Sätter mig upp och ser genom fönstret att lokalbefolkningen redan varit ute med sina kor. Korna går fridfullt och betar i sluttningen. Det ser ut att bli en bra dag.

När jag kommer ut ur stugan för att gå till terrassen där man serverar frukost möter jag en leende Paco. Han undrar om jag vill följa med honom till hans introduktionsföreläsning om meditation. Han presenterar mig för några nya gäster från Australien och tillsammans går vi till en glänta bredvid kaktusodlingen. Han berättar att San Pedro ceremonin brukar hållas i gläntan som vi anländer till. Leende berättar han för oss att det är en magisk plats. Gläntan är cirka tio meter bred, alldeles rund och har en vacker utsikt över omgivningen. Runt gläntan har man satt upp ett trettiotal stenar som tillsammans bildar en cirkel. Ett Stonehenge i miniatyr, tänker jag för mig själv.

Vi slår oss ner på liggunderlagen som någon placerat ut. Några nya deltagare ansluter sig och vi är nu ett tiotal förväntansfulla meditatörer.

Paco, som leder föreläsningen, börjar med att fråga om vår erfarenhet av meditation. De flesta har provat på hemma, men ingen utövar det regelbundet.

Paco berättar;

- Det finns olika meditationstekniker. Vissa tekniker kräver att man har ett ord som meditatören upprepar som ett mantra medan andra använder andningen som "ord". Det vi ska göra idag är att koncentrera oss på andningen och på det som händer i och runt omkring oss. Vi ska försöka att hålla oss borta från våra tankar.
- Sätt er så bekvämt ni kan. Gärna som jag, i Lotusställning, men ni kan sitta precis hur ni vill. Ha ryggen så rak ni kan, luta huvudet aningen framåt och andas genom näsan.
- Det finns olika sätt att se på tankar när man mediterar. Den här liknelsen gillar jag, fortsätter Paco.
- Tänk er att ni ramlat i en flod och att ni flyter med strömmen. Ni är helt upptagna av att hålla er flytande och tänker inte på att simma emot flodbanken. Plötsligt inser ni att ni flyter med i floden och tittar er omkring. Ni ser träd och några grenar. Ni tar tag i grenarna och försöker komma i land. Ni orkar inte hålla er fast utan dras ner i floden igen. Ibland går det bättre och ni tar er upp på flodbanken och sätter er

ner. Ni kan sitta och titta på floden utan att ramla i, ni ser vad som finns runtomkring och ni känner en viss harmoni. Sen ramlar ni i igen.

Paco fortsätter;

- Det jag just berättat är ungefär som meditation. Ni sitter och blundar. Ibland får ni en tanke som ni fångas upp av. Ni sitter och funderar på något och det är samma sak som att ligga mitt i floden och flyta med, utan att veta att ni ligger i floden. Ni kanske försöker att undvika att tänka, men så kommer en ny tanke och ni dras med i den. Ni funderar på vad ni ska göra imorgon eller vad ni gjorde igår. Ju "bättre" ni blir, eller ska vi säga, ju mindre distraherade ni blir av tankar ju lättare är det för er att observera en tanke utan att följa med den. Ni kan observera den och inse att den snart försvinner för att ersättas av en annan. Ni, så att säga; sitter på flodbanken och observerar.

Paco fortsätter:

- Blunda nu och observera vad som händer inom er. När ni gjort det så följ andningen utan att styra den. Bara observera. När ni märker att ni blir "förlorad i tankarna" så gå tillbaka till andningen eller till att observera vad som händer inom er. Om man är nybörjare kommer man märka hur svårt det är; man följer hela tiden med i strömmen av tankar. Börja med fem till tio minuter och utöka efter hand. Ha inte bråttom! Det får ta tid!

- Tänk på; det finns två tillstånd i meditation. Antingen tänker ni eller så är ni medvetna om att ni är medvetna. Det är det sistnämnda vi strävar efter. Observera känslan som uppstår när ni inser att ni sitter och tänker.

- Och just det; det viktigaste, fortsatte Paco. Era tankar kommer att surra hela tiden. Ha inga förväntningar utan låt tankarna komma och gå. Ha inga värderande tankar om er insats, det är ert ego som talar.

Gruppen satt stilla och mediterade. När man kände sig nöjd kunde man tyst dra sig tillbaka.

Jag slogs av hur bra liknelsen var. Tankar var verkligen som strömmar i floden. De drar med sig uppmärksamheten till framtiden eller det som varit. Ibland är tankar viktiga och man är helt beroende av en sund tankegång. Men oftast är de helt överflödiga och enbart till besvär, ett repetitivt dravel.

Från början hade jag haft mål med meditationen. Att få andliga upplevelser, att försöka uppnå något transliknande tillstånd eller komma till en ny nivå av medvetenhet. Så småningom hade jag insett att det bara var fantasier och önskemål skapade av egot. Även om jag ibland får vissa upplevelser så är dessa inte längre det primära målet för mig. Meditationens syfte, numera, är att få in ett sunt medvetande under hela dagen. Ett medvetande som ser saker för vad de egentligen är. Ju mer jag varit medveten under dagen ju mindre behov har jag att ta mitt kvällspass i meditation innan läggdags.

Under perioder där meditationen är regelbunden är medvetenheten mycket närvarande. På väg till jobbet kan man höra fåglar kvittra, hur löven prasslar och hur barnen i parken skrattar. Om man däremot är uppslukad av jobbproblem så är omgivningens företeelser helt frånvarande i medvetandet, man är förlorad i tankar.

Med en medveten närvaro kan man betrakta tankar när de uppstår, även under utförandet av vardagliga sysslor. Mitt under möten kan man vara närvarande och observera sig själv och de andra mötesdeltagarna. Triggas man av något någon säger kan man lugnt gå vidare och undersöka det. Man får tid till reflektion på en helt ny nivå. Man kan lyssna samtidigt som man märker när andra tappar fokus, när de vill in i samtal eller när det kanske är dags att avsluta mötet. Det är som om man känner när egot kommer in och vill ta över, när man vill känna sig viktig eller kanske rent av när man känner sig sårad. Jag log, och insåg att skillnaden är enorm. Tidigare kände "jag" mig sårad, nu insåg jag att det är egot som är sårat. Man kunde ju rent av säga att:

"Meditation är vad vi är och person det vi gör!"

Paco satt helt orörlig. Jag reste mig sakta och gick tillbaka mot samlingssalen. Tänkte på hur fridfull Paco sett ut. Kanske han hade kommit in i stadiet där man blir ett med allt, där egot sakta ger med sig och gränsen mellan självet och omgivningen är utsuddad. Där ett fågelkvitter inte längre bevittnas på håll, utan där det finns inne i huvudet. Där kvittret är jag. Det händer mig ibland, om än bara för några sekunder åt gången.

Frukosten var som vanligt god. Frukterna i Ecuador är större och godare än hemma. Speciellt Avokadon var fantastisk. När jag nästan var klar med min frukost kom Paco och slog sig ner bredvid mig.

- Vad tyckte du om meditationen? frågade Paco nyfiket.
- Fantastisk liknelse med floden, mycket bra, svarade jag.
- Tack, nästa gång tänkte jag att vi skulle diskutera kring hur vi ser på vårt "Jag". Hur ser du på egot?

Frågan var bra, hur var jag egentligen innan? För mig var egot och präglingen de två stora genombrotten. I hela mitt liv har jag tänkt mig som kropp och själ. Vad själen var eller om jag trodde på den visste jag egentligen inte. Sakta hade jag börjat inse att jag hade ett ego och att jag även hade ett "Själv". Självet hade jag ju säkert insett redan som barn, men då hade jag nog inte insett att de kunde vara två olika "personer". Nu i efterhand kanske jag skulle vilja påstå att det inte är två personer utan två perspektiv.

- Ehh, jag tror nog att mitt genombrott bestod i att inse att jag inte var mina tankar. Ronan Keating sjöng på radion: "A thought crosses my mind". Insikten var direkt. En tanke flyter förbi, inte att "jag producerar en tanke" eller att "jag tänker". Jag var inte längre mina tankar. Nu kunde jag närma mig dem på ett annat sätt. Istället för att banna mig för att jag hela tiden tänker kunde jag nu bortse från den strida strömmen av tankar. Om inte tanken behövs för stunden förstås. Jag är inte mina tankar, jag är medveten om "tänket", helt enkelt.

ATT MINNAS KÄNSLAN AV JAG

Nyårsraketerna på millennieskiftet tycktes aldrig sluta lysa upp himlen, de avlöste ständigt varandra. När de äntligen började ebba ut gick vi sakta hemåt. I famnen bar jag mina döttrar precis som farsan gjort när vi gick hem från bekanta sent om kvällarna. Jag undrade om de kände sig lika trygga som jag gjort i farsans famn?

Plötsligt mindes jag räkneuppgiften vi fått i skolan; "Hur gammal är du på nyårsafton år 2000?"

Uppgiften hade väckt tankar inom mig där jag satt i skolbänken. Hur kommer livet att se ut när jag är 30 år? Har jag barn? Vad jobbar jag med? Hur känns det att vara 30 år? Känns det annorlunda än nu?

Jag satt i skolbänken och så blundade jag. Hjärtat kändes svagt i kroppen, andningen var lugn och långsam. Kände just inget mer än så. Öppnade ögonen och tittade fram emot läraren som satt och vässade elevernas pennor. Han gav sig hän uppgiften som om det var ett hedersuppdrag. Han såg stolt ut. Utanför fönstret sken solen och molnen färdades sakta fram över himlen. Solstrålarna som trängde in genom det stora fönstret lös upp dammkornen som sakta virvlade fram över eleverna. Tjejen som satt snett framför mig räknade på samma matteuppgift. Hennes tröja var prydligt och noggrant instoppad innanför byxorna. Andetagen hon tog var lika lugna som mina och hennes gulliga små hårstrån på överläppen syntes tydligt tack vare solljuset. Till höger om mig satt en kille och lekte rastlöst med häftmassan. Han gled fram och tillbaka över stolen samtidigt som han förmodligen letade efter någon eller något att kasta häftmassan på. Tiden gick sakta och mina tankar stod nästan helt stilla. Hur ska jag komma ihåg hur det känns nu när jag är 30 år?

Sitter på badstranden och har nyss flyttat hemifrån. Ett sista besök på stranden där jag lekt som barn och där jag senare provade alkohol för första gången. Det var tidigt på morgonen och de enda vågorna som färdades fram på sjön kom från mina rörelser på bryggan. Morgondaggen blänkte i motljuset och svanen vandrade vaggande fram över gräsmattan till sandstranden. Några kvarglömda leksaker och klädesplagg låg slarvigt i sanden. Försiktigt satte jag mig ner på bryggan och tog av mig skor och strumpor. Vattnet kändes kallt och friskt mot mina vader som jag försiktigt sänkte ner i sjön. Lutade mig bakåt och blundade. Kände in ljudet av svanarna, några fåglar som kvittrade i skogen och det svaga bruset från vinden i vassen bredvid mig.

När jag satt på bryggan mindes jag räkneuppgiften i skolan och hur det känts att sitta där i klassrummet. Känslan var densamma nu. När tankarna och vågorna lugnat ner sig kände jag mig som sjön. Lugn, harmonisk och hel. De enda vågorna som fanns kom från mig och de saker som rörde sig i sjön. Tankarna skapade vågor. Vågor som sakta ebbade ut om jag stillsamt iakttog dem. Om jag bara betraktade tankarna utan att bedöma dem så påverkade de mig inte. Små tankevågor som sakta avtar. Känslan av jag var samma som i *klassrummet. Känslan att vara äldre uppstod inte förrän tankarna kom. Tanken att vara äldre fick mig att känna mig äldre, men utan tankar är jag densamma.*

Barnen hade somnat i min famn och jag kände snön mot ansiktet. De små kalla punkterna i ansiktet som sakta blev blötare och kallare. När jag lagt barnen gick jag ut på balkongen för att känna in hur det kändes att vara 30 år så som jag så länge undrat över. Tankarna gav inte med sig. Betraktade andetagen och kände hur hjärtat slog. Alla försök till ett tillstånd utan tankar var bortkastade. Tankarna snurrade runt och runt. Det enda jag visste var att om de stillas så kommer jag att känna mig som tolv, sexton, tjugosju, trettio eller hundra. Känslan av jag utan tankar är alltid densamma. Konstant. Tidlös. Oföränderlig. Det är känslan av jag med tankar som känns annorlunda. Trött, sliten, äldre.

I Ecuador är ljudet i stort sett som hemma. Vinden i träden är densamma, fåglarnas kvittrande påminner om hemma om än med en annan dialekt. Grodornas pockande ljud som ekar i dalen och det svaga ljudet från musiken som hörs från grannarna är annorlunda, men känns som hemma. Hör och känner andetagen som sakta slingrar sig in och ut genom lungorna och luftvägarna. Svagt möter andan den kalla luften för att genast återvända ner i lungorna. Hjärtat slår aningen fortare på grund av den höga höjden.

Eftersom jag nu lärt mig att skingra tankarna sänks jag sakta in i det tidlösa tillståndet av harmoni. I avsaknad av problemfyllda tankar kommer bilder upp i medvetandet. Stillbilder från mitt förflutna. Dammkorn som stannat mitt i en virvel, ett andetag som avstannat från klasskompisen, den vackra svanen som sakta sänkt sitt bröst mot det kalla vattnet, snön som precis nuddat ansiktet. Bilder som stannat i tiden. En oräknelig mängd av stillbilder i en enda lång tidslinje. Varje bild i ett nu som stannat av. I avsaknaden av rörelse är tiden evig. Inte evig och oändligt lång, utan evigt nu. Mitt eviga jag betraktar mitt temporära jag med harmoni.

Den evige möjliggör, den evige betraktar, den temporäre utvecklas lekande och dansande i den evige. En ständigt pågående dans, ett sceniskt verk som vackert tecknar sig på bild efter bild på den evige målarduken.

INTRODUKTIONSDAG

Meditationssalen var helt nybyggd och upplevdes inte så "hippieaktig" som de andra byggnaderna på centret. Salen var stor, mycket stor. Den var säkert trettio meter lång och femton meter bred. På gaveln, på andra sidan sett från ingången, fanns ett stort fönster och i hörnet en öppen eld. Vid fönstret hade man placerat ut stolar och på stolen i mitten satt centrets föreståndare, Bart.

Bart var en amerikansk man i 50-årsåldern som rest och jobbat runt om i världen. Nu hade han stannat upp i Sydamerika och börjat jobba på olika retreatcenter. Han hade tagit flera hundra kurer av Ayahuasca och var väldigt van och insatt i vad som kunde hända. Nu skulle han förklara för oss elever vad som kan inträffa och vad vi kan förvänta oss av ceremonierna. Bart, som de flesta från USA, var mycket vältalig och pedagogisk. Det märktes att han var van att tala inför folk.

Den ena efter den andra deltagaren kom in i salen. Några hade jag träffat förut och några var helt nya för mig. De jag hade träffat förut hade, precis som jag, kommit ner några dagar tidigare för att vänja sig vid den höga höjden.

Bart hälsade oss välkomna och berättade att vi skulle få vara med om något underbart och magiskt, men även skrämmande. För några av oss skulle kvällen bli en besvikelse eftersom en del människor inte får några syner av Ayahuasca. Jag kände direkt hur orolig jag blev. Tänk att ha åkt runt hela jordklotet för att inte få några syner? Jag tänkte på alla klardrömmar jag haft och alla syner som kommer när jag mediterar. På kvällarna startar ju ibland drömmarna och synerna redan när jag blundar. Nog skulle jag få syner alltid. Bart förklarade att medicinen verkar på alla och att vi skulle vara öppna för stora förändringar i vårt liv även om just synerna uteblev.

Efter att ha förklarat hur ceremonin kommer genomföras bad han oss alla att berätta lite om oss själva och varför vi var där. Vi skulle även berätta vad vi ville ha för resultat av medicinen. Vi tar vänstervarvet, sa han och jag pustade ut eftersom jag satt till höger om honom. Det var helt tyst i salen och den stackars blyga kanadensiska killen som satt bredvid föreståndaren berättade att han var där för att han hade svårt för att få vänner. Han hade uppenbara problem att prata inför folk vilket han också önskade bli hjälpt med.

Deltagare efter deltagare berättade om sina erfarenheter och upplevelser. Den ena berättelsen var värre än den andra. Många, både killar och tjejer, berättade att de blivit utsatta för sexuella övergrepp och nu ville de bearbeta dessa. Flertalet deltagare hade missbruk som de kämpade med. Några hade fysiska problem som de ville bli fria från och några var bara nyfikna. Förvånansvärt många ville bli av med sina egon, en så kallad "ego-death". Bart berättade att just "ego-död" eller i alla fall en rejäl "ego-reduktion" var väldigt vanlig hos deltagarna, men att en "ego-boost" ibland förekom. Det var inte helt ovanligt att medicinen hade motsatt effekt, att man blåste upp sitt ego istället. Han berättade att man skulle tänka sig för om man får tillfälle att göra val under upplevelserna. Känns det inte bra så avstå hellre, sa Bart. Men samtidigt var det viktigt att försöka släppa på kontrollen när upplevelserna börjar komma. Man kan missa mycket om man inte släpper taget.

Så slutligen var det min tur att berätta vilket syfte jag hade. Tankarna for i huvudet, jag var ju här för att jag var nyfiken. Plötsligt så kändes det som om jag var en charterturist bland Vagabonder. Jag hade ju inga problem, inte nu längre i alla fall och om jag hade några så var de ju löjligt små jämfört med de andras. Beslutade mig snabbt att berätta om min spirituella resa och min nyfikenhet på Självet.

Jag berättade att jag läst mycket om växtmediciner och att jag kommit en lång väg på min spirituella resa, men att jag genom Ayahuasca ville få svar på vem jag egentligen var, något högre jag eller en själ, vad som helst.

- Du är lite äldre än många andra, om jag får fråga; vad är det för väg du gått? frågade Bart nyfiket.

Jag funderade över vad jag skulle kunna avslöja och om jag kunde göra det rättvisa på engelska. Det fick bära eller brista.

- Ehh, jag vet inte var jag ska börja riktigt, sa jag med spelad osäkerhet. Kanske för att vinna tid.
- Ta det från början, natten är ung, skrattade Bart.

- Tja, jag är en helt annan person nu och jag ska försöka berätta utan efterkonstruktion. Efter en kurs i meditation fick jag en annan självbild. Jag var inte längre mina tankar och jag lärde mig att se mig själv "utifrån". Jag betraktade Rolle, mitt ego, mitt relativa jag, utifrån och bestämde mig för att vara neutral, inte reagera med förakt på vad jag tänker, känner och när jag agerar ut. Bara iaktta och försöka förstå. Till en början spelade jag denna nya person eller perspektiv, men efter ett tag kändes det naturligt. Jag blev mer och mer personen som fanns mellan mina tankar, känslor och reaktioner. Den som såg det, inte den som agerade.
- Intressant, berätta mer, fyllde Bart på.
- Jag insåg att allt som mänskligheten skapat hade börjat som en fantasi. Först en fantasi som sedan förverkligats. Alla byggnader, konstverk, vägar och företag. När jag sedan insåg att även politik och ideologier var fantasier som anhängare accepterat var steget till mig själv inte långt. Att inse att man själv var en fantasi bildat av sina egna och andras bilder var en otrolig lättnadskänsla. Milt sagt hade jag inte en så kärleksfull relation till mig själv tidigare i livet. Jag tror jag gick på moln i månader efter denna insikt. När jag väl insett att det inte fanns någon anledning att fördöma eller berömma mig själv trädde mina präglingar fram. Jag kände när mina triggers satte igång och istället för att följa mitt gamla beteendemönster kunde jag nu observera och försöka ta reda på varför och hur jag var präglad. Allt jag gjort

är att skifta perspektiv, that's it, sa jag med glimten i ögat.

- Berätta om dina triggers, Roland, sa Bart.

Jag funderade ett tag. Det fanns många tillfällen som de triggas igång på. För det mesta i jobbsituationer, men där har jag oftast varit väldigt cool. Jag valde att berätta om förhållandet med mina barn.

- Jag har ganska många triggers, men de som är skönast att ha koll på är när mina döttrar trycker på rätt knappar. Ja, eller fel knappar alltså. Den gamla pappan kunde inte hålla tillbaka ilskan utan lät den bubbla fram okontrollerat. I efterhand var det alltid svårt att rätta till misstag. Numera kan jag brusa upp ibland, men då är det oftast efter ett moget övervägande. Jag brusar sällan upp för min egen skull utan om jag säger ifrån är det för att de ska lära sig gränser. För min del så blir jag inte sårad längre. Känslan finns kvar, men den varar inte länge.
- Önskar du att det hänt tidigare i livet? frågade Bart.
- Nja, både och, sa jag och fyllde på; ett ego är nog bra att ha när man är ny och formas. Egot eller det relativa jaget behöver växa och man behöver integrera det med sina dolda sidor, det så kallade undermedvetna. Däremot är det nog bra att inse sin prägling tidigare än vad jag gjorde. Jag var mycket politiskt intresserad förut, men nu står jag knappt ut med att behöva lyssna på dem. Jag önskar jag sluppit alla mina åsikter om politik lite tidigare, sa jag med glimten i ögat.

Bart skrattade och fyllde på:

- I hear you eller ska man säga Aho[9]!

Bart fortsatte med att berätta om riskerna som var förknippat med ceremonierna och vi fick fylla i ett papper där vi avstod oss rättigheten att stämma centret om något går fel. Jag hade hört om dödsfall, men att dessa oftast var förknippade med drycken av nikotin som vissa center serverar innan de ger Ayahuasca.

Mötet avslutades och de som ville fick gärna stanna kvar och berätta mer om varför de var där. De flesta gick och lade sig eftersom de anlänt under dagen, men vi var några som stannade kvar. En kille, Mark, som var där för sitt extrema rökberoende frågade nyfiket om vad "ego death" egentligen innebar.

Skaran av kvarvarande deltagare tittade på varandra för att utse någon som ville börja. En äldre man, Joe, harklade sig och började:

- Vi måste nog få samma bild av vad "ego" är för något. Som jag ser det är ego; "känslan av att vara mig själv, min självbild". Vetenskapen har inte hittat något ställe i kroppen som utgör egot, men frågar man västlänningar så sitter egot mitt i huvudet mellan ögonen. Om jag inte misstar mig så pekar många i öst däremot på hjärtat. Egot är ett skapat jag, en slags fantasi.

---

[9] Betyder ungefär; "jag hör och håller med".

Mollie, en ung tjej från Holland fyllde på:

- Jag brukar tänka att egot byggs upp av oss själva och det är det grundantagande vi verkligen tror på. Egot är det "jag har" eller "äger", det är vad "jag gör eller arbetar med", det är "vad andra tycker om mig". Det inkluderar även antagande om omgivningen såsom "jag är separerad från allt annat". Just denna separation är en grundförutsättning för egot. Det finns ju "the Self" som är det högre självet och som är mer eller mindre kollektivt och sedan "the separate self" som är egot.

Det blev tyst ett tag, men sedan försökte Joe igen.

- Kan man säga att egot är en identifikation med sina tankar? Jag var som nyexaminerad advokat oproportionerligt stolt över att vara advokat. Jag VAR advokat! Om någon skämtade om advokater blev jag arg som om hela mitt Jag var ifrågasatt. Efter några år bytte jag yrkesbana och jag tänkte istället att jag hade en utbildning som advokat. Jag kunde skratta åt skämten.
- Ja, utan präglingar kan man väl inte ha ett ego? sa Mollie frågande.

Jag kände igen mig i Joes exempel eftersom jag som ego hade fäst mig vid allt. Jag var pappa, mitt fritidsintresse, mitt yrke, min arbetarbakgrund och min universitetsexamen. Det var som om känslan av att vara "Jag" var ett tankefoster. Att inte identifiera sig med dessa tankar är ju lättare sagt än gjort. Jag mindes hur lager efter lager av mitt ego mycket sakta skalats bort. Med varje bortskalat lager fanns en energi som nu kunde användas till något annat istället. För varje lager som skalats bort föddes en ny möjlighet att vara i nuet istället för att lockas in och fångas av tanken att vara jag.

- Jag var min telefon, skrattade Mark, killen som just frågat vad Ego-death var. Om någon ifrågasatte min iPhone för att istället hylla sin Android så gick jag i taket. Han fortsatte:
- Ego-death; det ska mitt nästa Deathmetalband heta!

Alla skrattade högt, ett förenande skratt.

Mollie såg tankfull ut och tillade:

- Ibland får jag intrycket av att ego även kan formas av grupper av människor. Det är lätt att dela in människor efter ras, social status, religion och så vidare. Men som ni säger är det väl vad man identifierar sig med.

Vi konstaterade att egot spelade oss ett spratt och att egot låg bakom mycket elände i världen, men att det nog var bra att ha kvar…..ett tag till i fall att…… Vi kom fram till att Ego-death förklarades med att det var slutet för identifikation med sina tankar. Plötsligt frågade Joe; Roland, du hade gått en bit på din spirituella vandringsled. Har du några upplevelser av Ego-death?

Jag tänkte efter noga, det var ju delvis därför jag var här, men jag mindes samtidigt händelsen för några år sedan.

- Ja, sade jag tveksamt och fortsatte. För några år sedan anmälde jag mig till ett Vipassanaretreat och efter kursen väcktes min nyfikenhet eftersom jag började få en annan syn på mina tankar. Jag visste att någonting måste göras eftersom jag var så slutkörd av alla negativa tankar. Trött på alla överdrivna reaktioner på andras handlingar och ord samt mina egna höga förväntningar på min egna person som aldrig verkade infria sig. Av en slump kom jag över en bok av Jiddu Krishnamurti som bland annat tar upp egot och de präglingar man har som människa. Han beskriver i boken och i sina tal ganska målande om att man måste inse hur man är präglad för att bli fri. Jag fattade intellektuellt det han skrev och under en bussresa när jag satt och inte tänkte på nåt så insåg jag plötsligt att jag var präglad.

- Alla präglingar förstod jag givetvis inte, men det som hände var att jag inte längre behövde vara någon. Jag hade en utbildning, men jag var den inte. Insåg nog där och då att allt är en fantasi. En fantasi jag och omgivningen tror på. Missnöjet och frustrationen var som borta och jag gick som på moln i månader. Kommer ihåg att mina döttrar brukar säga "den gamla pappan" och "den nya". Jag bestämde mig för att lära mig mer om mig själv och frågan; "vem är jag?" förbyttes till; "vem är jag inte"?

- Roland, du säger att du var lättad, sa Joe nyfiket. Ibland hör man om människor som blir deprimerade över att inse sitt ego.

- Ja, jag har tänkt på detta som en slags upplevelse som kan jämföras med uppvaknande istället för en upplysning. Jag tror att om jag varit nöjd och stolt över mitt skapade ego, istället för så otroligt missnöjd som jag var, så hade insikten kanske varit jobbig. Nu var det mer som en lättnad. Och jag vill understryka att det inte handlade om en upplysning eller ego-död, utan just en insikt att jag inte var den jag hade fantiserat ihop.

Jag fortsatte:

- Jag tror även att man "tolkar" sina olika andliga upplevelser ifrån den spirituella fas man är i. Om man tolkar allt i traditionella och religiösa skrifter bokstavligen är man ju inte så spirituellt mogen och det finns en risk att "uppvaknandet" förstärker religionens bojor, så att säga. Vad jag menar är, den mognad och därmed vilken världsbild man har spelar nog stor roll på hur det andliga uppvaknandet tolkas och upplevs.

Joe, såg lite tankfull ut och frågade:

- Vilka nivåer finns det?
- Det är lite olika skolor här, som i allt annat, men man brukar tala om spirituell mognad och medvetandets mognadsnivåer. Alla människor börjar från början och utvecklas över tid från den sensoriska medvetenheten på en materialistisk nivå via de kroppsliga och psykiska nivåerna till de mer andliga. Många forskare har olika syn, men det verkar som det finns en tyngdpunkt där gruppen befinner sig. Ligger man under denna tyngdpunkt blir man som lyft av de övriga medan om man utvecklats mer än övriga

blir man snarare nedtyngd, man får klara sig själv helt enkelt.

- Jag minns inte alla nivåerna, men historiskt sett så har vi som mänsklighet klättrat sakta uppåt. Tyvärr ligger vi under den mer globala medvetenheten, många är kvar i grupptillhörigheten. Land, parti eller etnicitet verkar vara viktigare än att se det övergripande globala perspektivet. Tragiskt med tanke på läget vi befinner oss i.

Jag avrundade;

- Beroende på vilken nivå, vilket utvecklingssteg man befinner sig i så upplever man världen annorlunda. Man tolkar allt annorlunda, det innebär även att detta kan påverka sitt "uppvaknande" också. Fråga mig inte hur…..som sagt, jag måste läsa mer om detta för att riktigt förstå.

Det var tyst ett tag och sedan sa Joe:

- Jag minns att efter mitt "uppvaknande" så tog jag inte saker så personligt längre. Om någon klagade på mig så kände jag mig givetvis kritiserad och så vidare, men jag känner sällan att jag behöver ta åt mig om jag gjort mitt bästa. Det känns nästan som om mitt ego vaknar till eller försvinner samtidigt som "mitt högre jag" blir medveten om att egot vaknat och istället iakttar vad som händer i mig och i situationen. Egot ger plats åt nuet, jag kan försöka se andra parters ego och helt plötsligt kan jag agera på situationen istället för att reagera blint.

- Så upplever jag det också, tillade jag. Kanske har jag blivit mer tolerant mot åsikter om vad som är rätt och fel. Numera är jag nog mer nyfiken på vad andra menar istället för att hitta fel och rätt i deras åsikter och historier. Min fru tycker nog att jag är mindre dramasökande nu, varpå Joe skrattade instämmande.

Plötsligt hörde vi en röst bakom oss, en blyg ursäktande röst. Det var kvinnan som presenterat sig som Marie och var där för tredje gången.

- Jag hörde ert samtal och blev intresserad. Kan jag ge min syn på egot?
- Självklart, sade Joe och hämtade en stol till henne.
- Jo, jag har byggt en inre karta som jag använder. Vi har vårt ego. Jag tänker lite som ni kommit fram till. Det är upplevelsen av att vara jag, känslan att vara jag. Den jag tror jag är. Det centrala. Egot är privat och jag är rädd om det. Sen har jag en mask. Jag tror Carl Jung kallade det för Persona. Masken är den jag vill visa upp och det den andra ser. Ibland känner jag mig gömd bakom denna mask, jag känner mig säker. Jung talade också om skuggjaget eller skuggan. Jag tänker att där samlas allt jag förtränger eller inte gillar hos mig själv. Sådant jag varken vill visa andra via masken eller sådant jag inte vill vara. Det kan även vara sådant som jag faktiskt är, fast som omgivningen inte tolererar eller accepterar. Det kulturen förbjuder. Det kan vara bra att rannsaka sig själv ibland för att bli medveten om vad man har i skuggan. Det finns en tendens att man projicerar sina skuggegenskaper på andra, andra helt oskyldiga.

- Intressant, sade Joe och fortsatte; finns det ett högre Jag på din karta, Marie?

- Ja, jag tänker kanske som Jung här också, tror jag. Just Jung är väldigt svår att förstå. Jag tänker att mitt Själv är mitt totala jag som innehåller det medvetna och det undermedvetna. Jag bortser från kopplingar till "allt" och "Gud" och så vidare. Det viktiga är att integrera egot, masken och skuggan i nuet, att hela tiden vara medveten om de tre delarna i kontakt med andra. Många vill bli av med sina egon, men jag vet inte om jag skulle fungera utan det. Däremot kan man lära sig om det hela tiden. Skala bort lager efter lager av onödiga vanor, eller vad man ska kalla det.

- Jag tror masker kan vara bra, men även ett hinder, utbrast Mollie plötsligt. Och ibland är det lite trist. Ibland när jag träffar folk via jobbet så har de jobbmasken på. Ger utmärkt service, men man lär inte känna dem så bra även om man möter dem ofta. Ska man få en riktigt bra och ärlig vänskapsrelation kan det vara bra att binda relationen i något annat än vid maskerna. Det blir ingen stadig relation annars.

- Hur ser du på ego-död då, frågade Mollie och tittade nyfiket på Marie.

- Tja, jag vet inte riktigt jag försöker bara få en klar bild över vad min mask är, hur mitt ego ser ut och fungerar och sedan vad som döljer sig i mitt undermedvetna.

- Hur vet du det? frågade Joe nyfiket.

- Detta är det svåraste, men jag försöker observera mig utifrån och se mina reaktioner. Hur jag reagerar inom mig och utanför mig själv via reaktioner på andras angrepp, eller vad jag ska kalla det. Jag tänker mig att allt medvetet har medvetandets ljus på sig. Det undermedvetna är i skuggan och det är egots skugga. Jag försöker skala bort lager av egot, men även få fram det som har gömt sig i skuggan. Det är svårt, men varje gång jag lyckas så känner jag mig energifylld.

- Har du exempel på när du hittat något i skuggan? frågade Mark.

- Ehh, jaaa. Jag var ofta snabb att döma andra. Efter att ha ifrågasatt mig själv om varför jag hade detta beteende så kom jag fram till att jag var väldigt rädd att andra skulle döma mig, det var bättre jag agerade först. Skönt att det är över…

- Jag har ett annat exempel från Peru där en äldre man plötsligt såg sin skugga. På morgonen efter ceremonin så var han strålande lycklig och när vi samlades för att prata om våra upplevelser ville han berätta först. Mycket lyckligt berättade han att han har varit homofob hela sitt liv och väldigt aggressivt inställd till homosexuella, även de han kände. Växtmedicinerna hade visat hans beteende, men även tvingat honom att konfronteras med sitt inre. Han såg då tydligt att han själv var bisexuell. Samtidigt som han skämdes för sitt tidigare beteende kunde han nu känna sig fri.

Jag gick sakta tillbaka till mitt rum som låg några hundra meter bort. Natten var som vanligt underbar och jag betraktade eldflugornas dans. Man hörde grannarnas skratt och prat blandas med musik. Vilken fantastisk kväll, tänkte jag. För några år sedan visste jag inte ens om att jag hade ett ego, nu sitter jag på andra sidan jordklotet och diskuterar det med folk från hela världen. Tanken slog mig igen; innan var jag inte enbart ovetande om att jag hade ett ego, jag var mitt ego. Egot var allt som fanns. Jag hade en kropp, resten var ego! Fast då betraktade jag det ju inte som ett ego, det var mer av en själ. Ett stort Jag. Nu betraktade jag det utifrån, helt utan fördömande eller uppmaningar. När som helst kan jag inta rollen som ego och oftast kan jag kliva ur det och betrakta det helt neutralt.

Jag kom att tänka på masken, eller Persona, som Marie talade om. Den hade jag nog varit medveten om i alla fall. Skolkompisar, arbetskamrater och helt okända människor kunde ibland tro mycket mer om mig än jag själv gjorde. Jag ingav en viss känsla av självförtroende och förtroende. Folk litade på mig mer än jag själv gjorde. Berättade min mask en annan historia än vad mitt ego kände? Ja, jag hade nog förmågan att utstråla mer självförtroende än jag hade.

Om jag försökte minnas tillbaka så var nog masken och egot nästan samma sak. Ungefär som om Egot hade en hårdare yta där masken satt. Men vad är skillnaden på en separat mask och en hårdare yta? Rannsakar jag mig nu så behöver jag egentligen inte någon mask. Den kanske är anpassad och synkroniserad med egot så att det inte finns någon konflikt mellan dem. Jag insåg att jag nog behöver tänka mer kring detta.

Kanske var det så att "känslan av jag" hade behövt sitta i egot för att man ska klara sig bättre i världen. När man börjar förstå sig bättre kanske "känslan av jag" sakta men säkert tackar egot för väl utförd arbetsinsats och istället letar sig mot Självet med stort S. Detta Själv som alla traditioner talar så varmt om. Med självobservation förstår man masken man bär, de undermedvetna sakerna som triggas igång och så sakta dras "känslan av jag" allt mer mot hjärtat. Man lämnar egot som "gör" och ansluter sig mer och mer till Självet som "observerar". Kanske är det så.

Jag kom att tänka på den spirituella mognaden jag tagit upp i diskussionen. I alla sammanhang jag varit i så verkar upplysningen vara själva slutmålet. Något sa mig att det var en förenklad bild. En bild som inte passar så bra in i den västerländska kulturen och i den kris världen befinner sig i. Det måste finnas en annan sida av myntet också. En sida av myntet som gagnar fler än den som når upplysning. Jag kände att denna fråga antagligen kommer att ta över mer och mer i mitt liv.

ATT SE SIN SKUGGA

Jag låg länge och tänkte på vår diskussion över egot, skuggan och masken. Mitt verkliga genombrott hade kommit stunden jag insåg att jag inte "var mina tankar". Tidigare hade jag en bild av mig själv som inkluderade masken och egot. Det undermedvetna hade jag nog inte ens reflekterat över. Men nu insåg jag att det nog fanns en hel del där. Innan jag insåg att jag "inte var egot" så var allting så personligt och känsligt. Efter att jag insett att egot var en fantasi så kunde jag se med förståelse på mina känslor och på mina fel och brister. Istället för att sopa dem under mattan kunde jag nu observera dem, för att i lugn och ro bestämma mig för hur jag skulle agera och till och med OM jag skulle agera. Känslor var inte längre något farligt och personen som drabbades av dessa var starkt förminskad.

Kanske hade jag börjat ana min skugga och börjat agera för att göra den mindre. Något som stod helt klart var i alla fall att allt jag sopar under mattan kommer ligga kvar tills den dagen jag eller någon annan börjar flytta på mattan. Tanken på att det ligger kvar saker under mattan skulle vara outhärdlig för några år sedan. Nu är tanken visserligen obehaglig, men samtidigt lite lockande.

Idéen med att det är knölen i mattan som hjälper till att styra showen och inte bara egot är ju både skrämmande och lockande på samma gång.

Efter att ha funderat en stund insåg jag att jag inte längre sopade saker under mattan. I alla fall inte med flit. Jag har ofta en önskan att bli av med saker. Och sopar man dem under mattan så är man ju upptagen med tanken att man har saker som man vill bli av med. Det är bättre att reflektera när saker uppstår och verkligen kunna släppa dem, men det är ju som sagt lättare än gjort.

Jag skämdes lite vid tanken på hur lättläst jag måste ha varit som person innan jag lärde mig att se mina beteendemönster och vad som triggar dem. Kanske kompisar och bekanta hade utnyttjat dem för att få mig ur balans? Mycket möjligt, men nu var risken i alla fall betydligt mindre.

Tjejen som föreslog en kurs i Vipassana såg i alla fall genom min mask. Kanske såg hon egot och skuggan också? Det var i alla fall henne jag hade att tacka för att jag var här. Plötsligt såg jag "Vipassanas fjäril" framför mig. Fjärilen vars vingar symboliserar Sinnesjämvikt och Medvetenhet. När jag observerar känslor objektivt försvinner de sakta. De får ingen energi och ebbar ut för att till slut dö ut helt. Om jag istället agerar ut känslan, förstärker och befäster jag min prägling. Om jag förtrycker den och "sväljer den", om den är för jobbig att bemöta förstärks den och riskerar i värsta fall att bli en blind reaktion. En reaktion som man först i efterhand inser, en reaktion som man just fallit offer för. Ett gömsle av problem i skuggan medför bara ett livslångt lidande.

Att se sina processer och att kliva ur dem var inte så svårt i alla fall. Vipassana hade lärt mig mer än vad jag trodde. Kanske jag skulle ta det till nästa nivå och riktigt undersöka varför jag reagerar på vissa saker och hur det kan ha uppstått? Att jag är känslomässigt programmerad visste jag, men nu kanske jag ska undersöka om det finns några minnen som utlöser dessa. Jag insåg plötsligt hur långt jag kommit. Att kultivera en ständigt vakande medvetenhet om sina känslor är ju delvis anledningen till att jag mediterar, men den stora vinsten var att ha släppt den instinktiva rädslan för det undermedvetna.

Mollie var ju inne på något mer. Hon sade något om att när man inser mörkret hos sig själv så kan man även förstå andra bättre. Alla är ju kapabla att ha skuggor som sträcker sig till mer än oönskade reaktioner utan även till mer demoniska sidor. Det mörka 30-talet var ju ett "lysande" skolexempel på hur fullkomligt normala personer kunde agera som galna mördare. Det är ju ingen ursäkt, utan en trolig förklaring.

Funderade ett tag på mina egna skuggor och om jag haft några som kommit upp till ytan. Nästan direkt kom jag att tänka på när jag besökte ett medium, 2014. Hon hade sett att jag förträngde min barndom och att det fanns aggressivitet dolt i djupet. Det var ju en rejäl skugga, log jag för mig själv.

BESÖK HOS ETT MEDIUM
(2 0 1 4)

- *Att frysa ut ett barn är det allra värsta man kan göra! Att som far frysa ut sitt eget barn! Att behandla det som luft! Det är psykisk misshandel av den värsta sorten.* Hon såg väldigt tagen ut och fortsatte:
- *Du vet Roland, jag tror inte din barndom var så lycklig som du säger. Det började tidigt, jag ser dig som en bäbis som försöker stå i sin fars knä. Pappans ansikte är bortvänt och bäbisen har redan gett upp sina försök att skapa kontakt.*

Jag sitter hos ett medium som nyss förklarat för mig att jag förträngt min barndom. Hon hade börjat med att beskriva farsan i detalj.

- *Det är en man med väldigt stort kontrollbehov, men jag ser inte några tendenser till våld. Inte fysiskt våld i alla fall. Han var en otroligt skicklig yrkesman och ville alltid göra rätt för sig. Väldigt stort rättvisepatos, fortsatte hon.*

Vartenda ord hon sade var helt rätt ur mitt perspektiv. Farsan hade ju ett stort rättvisepatos som tenderade att bli "rättshaveristiskt". Några saker hon nämnde var helt nya, men hon bad mig kolla upp dessa med min mor. Efter att ha pratat med mamma insåg jag att även dessa saker var helt korrekta. Jag har alltid sett tillbaka på barndomen som lycklig. Morsan var en ängel och farsan var visserligen obalanserad, men allt som oftast rolig. Han hade alltid något spännande projekt på gång. Jag hade gott om kompisar och nästan allt var bra. Bilden jag hade över min barndom var cementerad och att den inte riktigt stämde förstod jag nu.

Veckorna efter mitt besök gick till att ifrågasätta min positiva bild av min barndom. Den ena barndomsscenen efter den andra spelade upp sig i mitt inre. Mindes stenräknarkänslan, ångesten. Som barn ställde jag mig ofta frågan om att gå in till föräldrarnas säng och lägga mig när jag var ledsen. Det skulle inte spela någon roll, pappa skulle flytta över sig till min säng, det gjorde han alltid. Det var som han aldrig ville sova i samma säng. Hade jag riktigt tur skulle han krama om mig och trösta mig, men det var inte värt risken. Dessa tillfällen av kärlek hos honom var alldeles för korta för att riskera att bli hånad.

Vid få tillfällen fanns trösten och stödet där hos den man jag kallade pappa. Trösten var helande, hans förstånd obegripligt djupt med många nyanser och med ett rörligt intellekt. Vid dessa tillfällen var han mitt allt. Min hjälte, min räddare, förlösaren av ångest och oro. Mitt universum. Ingen kunde missa hans briljans och på arbetet var han en hjälte. De ringde ständigt efter honom då andra kört fast. Han ställde upp, ställde alltid upp för andra.

Hans euforiska tillstånd blev allt kortare och mörkret och demonerna var snart på plats igen. Man kunde hitta honom sovande ihopkrupen i soffan som ett fyllo. Ett nyktert fyllo fast där suget efter alkohol var utbytt i ett stort hålrum. En stor svart krater som när som helst kunde spruta ut lava av ångest och hat. Ett hat som enbart drabbade oss, de närstående. De glada stunderna blev allt kortare och avståndet mellan dem längre. Ibland behandlade han mig som luft, giftig och förorenad luft. Under de stunder han ignorerade mig försökte jag ofta möta hans blick. Men när jag fick ögonkontakt möttes jag enbart av förakt och förlöjligande. Jag var en dum liten unge, en idiot. Veckorna utan ögonkontakt formade mig. Trots att jag hade ett bra läshuvud, bra kompisar och lärarnas stöd intalade jag mig att jag var värdelös och okunnig.

Folk omkring mig lovprisade pappa. Män stannade och rufsade om mig i håret samtidigt som lovorden om min far haglade ut ur deras munnar. Ord som geni, ryggraden på jobbet, landets bästa tekniker och en fantastisk människa. Varje ord bekräftade det jag visste; han var bra och jag var dum. Det blev som ett dubbelt straff, hans förträfflighet i andras ögon och hur tacksamma vi övriga i familjen borde vara som hade honom. Samtidigt spridde han ut sin osäkerhet och sitt hat hemma. Det var som om vi, familjen, tog åt oss felen för hans räkning. Vi var hans filter. Ett filter han kunde fylla med smuts. Hans smuts som kletades fast på oss.

Alla negativa ord om mig letade sig in i min kropp och blev en del av mig. Trots att jag hade det lätt i skolan och att många kom till mig med sina problem så vacklade jag. När som helst skulle de också upptäcka lögnen. Stenräknarkänslan om nätterna blev starkare och starkare.

Liksom andra pojkar under barn- och ungdomsåren utvecklade jag en rädsla för att visa känslor. Trots min fars fel och brister hindrade han mig aldrig från att visa känslor. Rent intellektuellt förklarade han, under hans ljusare stunder, att hans far aldrig visat några känslor, men att vi två alltid kunde visa det för varandra. Det var som han inte mindes sina mörka perioder och fick för sig att han var annorlunda än sin far. Farfar var ju av en annan tid, men med samma tendenser. Farfar var en mycket tystare person, på gränsen till apatisk.

Kulturen och kompiskretsen formade mig till att försöka hålla känslorna i schack. Känslor pratade man inte om. Visserligen lärde jag mig snabbt att stänga av känslorna under min fars infall att förlöjliga hela ens person. Men det var även kulturen i bruksorten, och i samhället som stort, som andades macho. Man skulle inte gråta om man cyklade omkull eller om något hände i skolan. Jag lärde mig snart att tåla extrem fysisk smärta utan att visa något och om något blev känslomässigt jobbigt avskärmade jag mig helt.

Att jag avskärmade mig visste jag, men det var under ett återbesök hos mediumet som jag förstod hur och i vilken omfattning. Hon satt framför mig *och frågade personliga och känsliga frågor när jag helt plötsligt blev avbruten av henne under ett av mina slingrande svar.*

> *- Stopp, kom tillbaka ner i kroppen. Du stänger av och går upp i ditt huvud. Andas in med magen, känn hur dina andetag grundar dig, sa mediumet.*

Chockat insåg jag att jag spontant flyttar hela mitt medvetande till huvudet. Kroppen känns inte och jag får ett tunnelseende. Allt runtomkring blir suddigt och jag ser den jag pratar med från ett nytt perspektiv. Som när man vänder en kikare åt fel håll och tittar på någon. Tankarna och intellektet finns kvar, men de känns avtrubbade. Huvudet känns litet och lätt som en flörtkula och kroppen lämnas helt.

Flera gånger hindrade hon mig att "lämna kroppen" och jag insåg att jag alltid gjort detta. Vid anställningsintervjuer, jobbiga situationer, diskussioner, utfrågningar….

> *- Jag ser att du oftast leker ensam och hur du har byggt en mur omkring dig, sa mediumet och fortsatte. Det är som du slutar söka kontakt med andra i tidig ålder.*

Muren kom inte som en överraskning. Tidigt i livet insåg jag att jag var rädd för relationer, att de skulle bli som med farsans och min. Att de överger mig för min dumhet eller mitt sätt att vara. Även om jag insett detta tidigt under tonåren har en förändring inte kommit till stånd förrän de senaste tio åren. Ensamheten var som en våt filt som alltid gjorde sig påmind, även i grupper där jag var framträdande.

Mediumet avslutade med en healing där jag satt på en stol och hon stod bakom mig med händerna på mina axlar. Det var en mycket behaglig känsla. Jag försökte meditera under tiden. Hon sa att hon kände att jag hade haft stora aggressioner mot min pappa. Det var verkligen ingen överdrift. Under tonåren fantiserade jag ofta om hur det skulle kännas att misshandla honom. Att riktigt slå skiten ur honom. Varje gång jag tänkte tanken tog känslorna över och ilskan bubblade i kroppen. Jag tror inte jag hade långt till våld i hans fall. Mediumet sade att det satte längs hela ryggraden och att hon fått bort massa energier.

Jag kände mig både besviken och ledsen efter mötet med mediumet. Jag satt i bilen och kände hur besvikelse sakta trängde fram i kroppen. Mina gamla känslor av besvikelse och hat mot min person var tillbaka. Jag stannade bilen och gick ner till stranden vid Bråviken där jag satte mig och kände in mina känslor. Det var inte läge att förtränga dem igen utan nu skulle de undersökas.

Visualiserade mitt ungdomliga jag och farsan och hur de satt på var sin stubbe framför mig. Farsan har jag alltid sett som förövaren vid dessa tillfällen, mitt ungdomliga jag var offret. Jag som vuxen, jag som visualiserade dem är vittnet. Mitt ungdomliga jag hade tagit åt sig när farsan hade sina stunder av hat och förakt. Som barn hade jag inte kunnat värja mig utan trodde på hans ord och handlingar. Jag förstod och förlät offret för att han inte kunde stänga ute faderns ord och hån. Hade jag varit offer idag hade jag insett att farsan upplevde självförakt och att han inte var kapabel till att se sina präglingar och göra någonting åt dem. Han kunde inte stoppa sig. Jag hade inte tagit åt mig och jag som person hade varit orörd. Jag hade kunnat visa medkänsla och gått vidare. Som ungdom hade jag tagit åt mig och skyfflat känslorna under mattan, ner i skuggan. Hade farsan, förövaren, haft styrkan och modet att be om ursäkt för hans beteende hade skadan varit mindre både hos honom själv och hos mitt ungdomliga jag. Jag förstod och förlät förövaren. Vittnet, som nu är vuxet, behöver inte ta åt sig eller känna hat eller besvikelse. Vittnet ser klart och kan vara medkännande.

Efter visualiseringen var jag nästan "mig själv" igen, känslan av besvikelse lockas säkert fram igen, men då är jag mer beredd på den och jag kan återupprepa visualiseringen. Jag kände även hur min bild av farsan sakta förändrades. Hans goda sidor blev större och hans dåliga sidor väckte inte längre några stora känslostormar. Det som triggat mig till destruktiva beteende- och tankemönster var nu under kontroll. När dessa tillfällen kom upp kunde jag helt enkelt se på oss båda med positiva omdömen. Jag såg ett tydligt mönster i mitt och farsans liv. Fromma och trevliga utåt, men med ett otroligt självförakt inåt. Alla tidigare angrepp på min person kändes inte mycket eftersom mitt självförakt alltid var större än det som kom utifrån. Men angreppen förstärkte alltid den dåliga självbilden. Sakta, mycket sakta förändrades detta.

När jag i efterhand tänker på hur jag agerat i sociala situationer så inser jag att jag självmant dragit mig bort från andra människor och grupper, precis som farsan. Jag har tackat nej till inbjudningar i tron om att de bara har frågat av välvilja och tyckt synd om mig. Jag har tagit tidigare tåg än vad mina studiekamrater tagit för att de ska "slippa mig" och för att undvika att jag ska känna mig utanför även i dessa grupper. På konferensresor i jobbsituationer har jag gått till hotellrummet och lagt mig tidigt trots att jag egentligen är en nattuggla. Hela mitt liv har gått i samma fåra trots att jag är väldigt oblyg och intresserad av andra människor.

Aggressioner

Fram till besöket hos mediumet var aggressionen en slags dold egenskap. En skugga som jag förträngt, en egenskap som inte var önskvärd och som sopades under mattan. Masken uttryckte ickevåld, en självutnämnd Gandhi. Maskens skugga var desto större. Jag kom att tänka på ett speciellt tillfälle under min skolavslutning som påverkat mig starkt och som över 20 år senare ledde till en aggression som höll på att sluta illa.

Det var en skolavslutning i gymnasiet som slutade i förnedring. Ser framför mig hur de två killarna kommer fram till mig för att fråga om cigaretter. För mig var killarna okända, men mina kompisar visste att de var bråkstakar som bara ville slåss. Att fråga om cigaretter var på 80-talet en känd fras som egentligen betydde; ge mig cigaretter eller så får du stryk.

Killarna var småväxta, men jag hade aldrig varit i slagsmål och insåg att jag skulle vara chanslös. Jag sade skämtsamt att de skulle fråga någon annan och plötsligt blev jag knuffad mot ett skyltfönster. Kände hur rädd jag blev, men behöll masken uppe. Jag sa åt dem att jag kunde fixa cigaretter och pekade på en kiosk. De höll mig hårt i varsin arm så jag inte skulle smita. Insåg att jag inte hade pengar så när vi kom in i kiosken vände jag mig och sprang. Jag var inte snabb, men visste att jag hade bra kondition så jag sprang och hoppades att de inte skulle hinna ifatt. De kom snabbt ifatt, men eftersom jag var lång och bra på att hoppa så gick språngmarschen över cykelställ och mindre buskar. Efter någon kilometer tröttnade de efter att ha ramlat flertalet gånger. Efter händelsen blev jag mycket rädd för att gå ut och jag satt mest hemma eller var hos kompisar.

Många år senare, under en kvällspromenad, tänkte jag på händelsen och kände hur ilskan i kroppen byggdes upp. Ju mer jag tänkte på det ju argare blev jag. Ångrade att jag inte tagit till knytnävarna istället. Skammen och vreden kokade i kroppen. Aldrig mer skulle något sånt här få inträffa. Jag förstod att jag inte kunde gå hem än eftersom jag var så arg så jag gick några kilometer till.

Såg att ett gäng festande ungdomar kom cyklande på andra sidan vägen, men tänkte inte så mycket på det. När de var tio meter ifrån mig så hörde jag hur ledaren i gänget, eller i alla fall han som cyklade först, skrek något åt mig. Jag kände hur ilskan kokade och hann att tänka att "nu jävlar viker jag mig inte". Tittar argt på honom och han cyklar emot mig. Han skriker något och cyklar över gräset och upp på gångvägen som jag går på. Jag knyter nävarna och tar fart för att möta honom. Jag är okontrollerat arg, men väcks av att en av tjejerna i gänget skriker "Neeeej" i falsett. Jag känner hur jag "vaknar till" och ser hur killen hoppat av sin cykel och springer med den över vägen. Alla i gänget tittar skrämda på mig och cyklar snabbt vidare.

Jag har tänkt mycket på detta tillfälle och konstaterat att aggressionen finns i mig. Efter Vipassanameditationen märker jag lättare när en trigger aktiveras. Jag känner hur känslorna byggs upp och hur tankarna hela tiden vill älta händelsen. Just denna händelse triggar mig inte längre. När jag insåg att jag var präglad och att hela händelsen har bildat en slags process i mig så har jag övertaget. Jag iakttar tankarna och känslorna tills de försvinner. Jag har tänkt på killarna och vilken jobbig uppväxt de hade. Jag känner mer medkänsla mot dem när jag tänker på det och triggern är helt borta. I efterhand har jag förstått att jag aldrig hatat dem, inte ens ogillat. Jag var arg på mig själv. Min egen oförmåga att försvara mig. När jag väl förlåtit mig själv har händelsen helt slutat påverka mig. Jag har dessutom fått en metod att applicera på liknande händelser.

Kunskapen om hur blinda reaktioner fungerar har fått positiva konsekvenser i interaktion med andra. Om man förstår att reaktioner kan vara blinda har man lättare att känna medkänsla för andra och deras beteende. Man är länken i kedjan som brister. Man behöver inte föra aggressioner och missförstånd vidare.

PRÄGLING

Paco hälsar alla välkomna på dagens diskussionsgrupp som handlar om prägling[10]. Deltagarna, som är ett tiotal, var även med på Pacos meditationsgenomgång häromdagen.

- Välkomna till er sista dag som präglade, skrattar Paco.
- Idag tänkte jag berätta lite kort för er om prägling, fortsätter han.
- Roland, du hade ju en hemmasnickrad bild över egot, självet och präglingar? Kan du dra den lite kort?

Jag blev lite ställd, men tänkte att det kunde vara bra att testa min inre karta på andra människor. Bilden jag hade av prägling var ju ogenomtänkt och behövde prövas.

- Ok, sa jag; och fortsatte:

---

[10] Jag har valt att kalla det prägling. Jiddu Krishamurti, Rupert Spira och San Miguel Ruiz Jr kallar det attachment på engelska. Med andra ord; man är "fäst" vid något.

- Tänk er ett stort vitt papper. Vi skriver "Jag" i mitten. Det är ju så man ser sig själv. Egot är i mitten. Texten; "Jag", i mitten av pappret betraktar vi som vår självbild, vårt ego, vår känsla av "Jag". Det är allt vi tror vi är och vad andra lyckats övertala oss att vi är. Vi har ju pratat om att vi har ett "Själv" ett så kallat större Själv och ett litet Jag som vi ofta kallar egot. Jag fortsatte:

- Tänk er nu att ert stora "Själv" utgör hela pappret. Pappret kan vi säga är ert medvetande, både det medvetna och det ni inte känner till, det undermedvetna. Med andra ord; ert stora "Själv" är medveten om allt som vi "antecknar på pappret" medan egot bara ser det via sina präglingar. Glöm det undermedvetna för ett tag, det är baksidan och där finns en hel del. Men just nu räknar vi bort det för en liten stund.

- Ni är egentligen medvetandet som känner till allt, allt som uppenbarar sig. Ni behöver inte hålla med, bara låtsas att det är så. Tänk er nu att ert ego, ert lilla jag, identifierar sig med vissa saker, interna och externa. Det man identifierar sig med säger man ofta "mig" eller "mitt" om. Min kropp, mina tankar, min bil osv. I början på min spirituella resa ansåg jag att jag var min kropp, jag var mina tankar och jag var mina känslor. Jag var så att säga identifierad med dem.

- Vi skriver orden kropp, tankar och känslor. Sedan gör vi runda ringar omkring dem och eftersom jag var identifierad med dem så ritar vi ringen runt "Jag" och ordet "Kropp". Tänk er att ringen jag ritar är ett gummiband. Ju mer identifierad jag är ju tjockare gummiband. Ska jag erkänna så var jag stolt, opassande stolt över min utbildning så den ritar vi in också. Vi kan även slänga in min iPhone som nästan var en kroppsdel till mig. Om vi tar iPhone som exempel. Om jag tappade bort min iPhone eller hade sönder den så skulle jag blivit förtvivlad. Om min granne hade sönder sin hade min reaktion inte blivit stor alls. Skillnaden är ordet "min". Allt man klassar som "min", eller saker man "har" är oftast närmare sitt ego. Man identifierar sig med dem. För mig var mina tankar och känslor "mina". Det var jag som producerade dem. Om jag tänkte en elak tanke var det jag som var elak. Jag fortsatte:

- Som ni ser på bilden bildar ringarna ett slags förhållande, en prägling. Ett slags gummiband mellan egot och det man är fäst vid. Ju kraftigare "attachment" man har ju större ego. Bildligt talat.

- Om vi ser oss som hela pappret och inte egot så är allt lättare. Man kan se sig själv, sitt ego, utifrån och behöver inte fördöma det. Bara acceptera och ta reda på mer om sina präglingar.

- Numera brukar jag försöka se det som om gummisnoddarna är fästa i mitt ego. Om något påverkar mina "egenskaper" så reagerar egot via gummibandet. Man har, via gummibandet, en slags känsel i de delar man inkluderat i "Jaget". Exempelvis, om någon ifrågasatte mig som "pappa" reagerade jag starkt. Om det var negativa saker som sades om mig kunde jag bli sårad och om det var positiva saker kunde jag förstärka präglingen. Vi kan säga att gummibandet blev ännu starkare.

- Ibland så reagerade jag på "angrepp" utifrån utan att inse det, en spontan, ofta stark och direkt reaktion. Efteråt blev det oftast pinsamt. Efter att jag insett egots natur har mina präglingar blivit svagare. De är kvar i mitt medvetande, men gummisnoddarna är borta och med dem den skarpa konturen kring mitt ego. I Vipassana betraktar man allt som det är och det har hjälpt mig att se mina "attachment" och istället för agera kan jag undersöka varför jag har dem.
- Bra, sa Paco och fortsatte; Nu ska vi prata om gummibanden!

Paco började med att berätta om kulturen Toltec som blomstrade innan Aztekerna och som hade en muntlig verbal tradition som levt kvar till våra dagar. Det fanns mycket visdom som gått i arv i generationer. På senare tid, med Internets hjälp, har traditionerna börjat bli populära i Sydamerika och i övriga världen. Kulturen, så som många andra, har berättelser och liknelser för att mänskligheten bättre ska förstå viktiga element i vår interna och externa miljö. De talade exempelvis om "the dream of the planet" och "the personal dream". En viktig aspekt i traditionen är att medvetandegöra att vi själva som enskilda människor styr över vår egen dröm och att den, tillsammans med andras drömmar, påverkar planetens dröm, samhället i stort.

Ju fler som är medvetna om att de är författare till historien om sitt eget liv ju mer medveten blir även drömmen om planeten, samhället i stort. Inser man sina präglingar så kan man påverka sitt eget liv. Är man omedveten är man en bara en nyttig idiot[11]. Vi kan leva i en mardröm eller tillsammans skapa en lycklig dröm. Don Miguel Ruiz Jr, och hans förfäder har värnat traditionen och han och hans far har gett ut ett antal böcker och i en av dessa beskriver han "The five levels of attachments". Ju lägre nivå man befinner sig på ju större handlingsfrihet har man. De högre nivåerna innebär att man troligtvis kommer agera omedvetet efter sin uppfattning i frågan. Modellen säger inte att man nödvändigtvis ska bli av med sina präglingar, utan mer att man känner till dem för att inte bli utnyttjad av dem.

Authentic self

På denna nivå är man fri från "attachments" och man välkomnar allt som kommer in i sitt medvetande utan att klänga sig fast vid det. Saker som inträffar påverkar inte ens egna person. Det är mer som en händelse som man vet har en början och ett slut. Som Buddha uttryckte sig: "even this will pass". Man kan jämföra det med det medvetna tillståndet när man observerar det som sker utan att ta till sig det som ens egna objekt.

Preference

När man är på denna nivå är man medveten om att man "klänger sig fast" men man har lätt att "släppa taget" om sina präglingar. Du är medveten om dina åsikter och uppfattningar, men låter dem inte styra dig. Du kan lätt lyssna till andras åsikter och värdera och uppskatta dem utan att

---

[11] Mitt ordval. Nyttig idiot är en som löper andras ärende utan att inse att de utnyttjas. De tror att de är fria i sina val men styrs lätt.

reagera blint. Att ha vänner med andra åsikter, synpunkter och idéer berikar bara ditt eget perspektiv.

Identity

På denna nivå har man fastnat och kan inte se sina interna processer och präglingar. Saker sker undermedvetet eftersom man inte är medveten om sina tankeprocesser och tankemönster. Man kan likna det med att man bär en mask som man inte är medveten om. Det kan gälla nationalitet, politisk tillhörighet, åsikter etc. Man är inte längre en oberoende person utan man använder exempelvis ord som "mitt parti" och så vidare. Man blir smickrad av smeknamn som "chefen", "Fotbolls-Olle" eller kanske "Brottar-Ove". Tillståndet av välbefinnande är beroende hur det går för fotbollslaget eller om någon klandrar partiets politik och så vidare. De som inte tillhör kretsen kallas för fiender.

Internalization

Nu är identiteten helt formad enligt sin uppfattning om jaget. Man ÄR sina präglingar. Att bli av med sin prägling skulle innebära en själslig död. Om man är vegan och blir sugen på en bit kött eller till och med smakar på en bit resulterar det i en inre konflikt där man förvandlas till en dålig person. På denna nivå väljer man vänner som har samma värderingar. Människor med andra uppfattningar är sämre personer som borde byta livsstil och så vidare.

Fanatism

Man har nått toppen av prägling och ser nu på andras åsikter, uppfattning, klass och så vidare med förlöjligande och attackerar dem gärna öppet. Relationer till människor som inte har samma uppfattning upphör nästan helt och hållet. Familjemedlemmar och anhöriga kan lätt uteslutas om de inte delar gruppens värderingar. Läser man tidningsartiklar eller böcker med andra trosuppfattningar slutar man läsa. Man kan till och med döda för sin sak.

- Hur blir vi av med våra gummiband, våra präglingar alltså? sa Paco och tittade på mig.
- Självkännedom, svarade jag. Ursäkta att jag tjatar om meditation. Vi kanske ska kalla det medveten närvaro istället? Om man ser till att vara närvarande i det dagliga livet är det väldigt enkelt att upptäcka när man triggas av något. Man känner att något är på gång och man kan då observera det och se dess natur. Om man inte underhåller präglingen kommer den att sakta men säkert att försvinna.
- Jag kan inte nog understryka hur viktigt det är att inte fördöma sig själv för att vara präglad, sa Paco. Om du ser ner på dig själv är det bara ytterligare en prägling du skapar. Försök istället observera känslan du har och undersök varifrån den kommer, varför den uppstår. Om du inser vad som fick dig att reagera har du hittat din trigger, och kommer att klara nästa incident ännu bättre.
- Om jag tar min iPhone som exempel, sa jag. Anledningen till att jag köpte den var delvis för att jag ville vara speciell. Jag var en av de första som

köpte den och den bokstavligen blev jag. Jag identifierade den med mig. Apple som företag är väldigt bra på att spela på känslorna. De flesta som köpte iPhone i början var "early adopters" och jag ville verkligen vara en sådan. Jag kände en tillhörighet med denna grupp av användare. Jag kände att jag var värd något och om någon sade något om iPhone gick jag i försvarsställning. Man kan väl placera mig i tredje stadiet farligt nära fjärde stadiet; Internalizion. Jag kom inte längre på skalan eftersom vanliga "Svenssons" började köpa iPhone och snart var min prägling borta. Hade den däremot fortsatt hade det varit en bra idé att stanna upp och betrakta känslan när någon ifrågasätter "mig" och ta reda på varför jag reagerar på detta sätt. Jag hade nog ganska snart insett att det var en grupptillhörighet hos mig som präglade mig och en ifrågasättande av tillhörigheten som triggade mig.

- Det kan vara bra att stanna och påminna oss om att man ibland har rätt att bli arg. Fördelen att känna sig själv är att man kan agera på en situation istället för reagera, fyllde Paco på. Agerar man kan man styra situationen bättre.
- Är det någon som har fler exempel på präglingar? frågade Paco.
- Händelsen i Charlottsville är väl i alla fall en femma, nivån fanatism, sa Mollie frågande.
- Ja, du tänker på bilen som körde in i folkmassan? sa Paco och fortsatte;
- Det finns även exempel på busschaufförer som kört på "rivaliserande" fotbollssupportrar som firar en

match och målvakter som blivit mördade för att ha släppt in straffar. Fanatism finns överallt och tyvärr ser fanatikerna det inte själva. Ofta händer en tragedi innan de inser sin prägling. Det är olyckligt, säger Paco.

- När det kommer till präglingar är det bra att börja med de problematiska först. När man observerar att man är utagerande. Börja med de präglingar man ogillar hos sig själv, sa Paco och fortsatte;

- Det finns även små ovanor som kan göra stora skillnader i sitt umgänge. En man lärde mig att känna igen känslan när egot triggar igång. Han berättade att han ofta ville berätta nyheter först. Om någon kändis hade dött och han fick veta det först så kände han sig lite viktigare än de som var ovetande om detta. Denna känsla dök upp även när någon berättade något som han också varit med om. Då kom känslan av egot fram och han ville så gärna berätta om att han varit med om något liknande. Känslan att vilja berätta var så stark att han slutade lyssna på historien och istället avbröt för att berätta om sin händelse.

- Vi känner alla en sån person, skrattade Mollie. Och känner ni inte en sådan person, ja, då är det ni som är den personen.

Alla skrattade. Jag kände igen mig i Pacos berättelse och mindes hur mycket bättre lyssnare jag blivit efter att slutat att lyssna efter en paus där jag kan flika in min historia. Lyssnandet för att förstå hade blivit bättre. Lusten att ha rätt och lusten att vinna var mindre än lusten att förstå. En vinst i sig, tänkte jag.

RENINGSCEREMONI MED SHAMANEN

Regnet dundrade hårt mot taket på stugan. I Ecuador, på Andernas topp, är det i stort sett samma klimat året om. Däremot får man räkna med samtliga väderslag varje dag. Oftast är det soligt, man njuter i det vackra vädret bara för att några timmar senare mötas av ett skyfall. Ett skyfall som snart byts ut mot strålande sol igen och så kan det hålla på hela dagen.

Utanför stugan märker jag att alla är uppspelta. När jag kommer ner till anslagstavlan minns jag att den kvinnliga Shamanen skulle hålla individuella reningsceremonier med de som önskade. Bokningsschemat på anslagstavlan var fullspäckat eftersom alla på centret ville träffa henne. Frivilligarbetarna försökte desperat hitta en ledig tid så att även de kunde få ut sina dåliga energier ur kroppen. De hade ju besökt henne innan och visste hur effektiv hennes reningsceremoni var.

Den ena lyriska deltagaren efter den andra kommer ut ur templet där reningsceremonin ägt rum. Jag börjar bli lite nervös och spänd i väntan på mötet med Shamanen. Min nyfikenhet blir allt större ju fler harmoniska ansikten som kommer ut ur templet. Jag försöker fråga frivilligarbetarna vad som händer inne i templet, men alla ler mot mig och säger samma sak; vänta och se.

Till slut var det äntligen min tur. Jag gick till det lilla templet där min första reningsceremoni skulle äga rum. Shamanen visade mig in och bad mig ta av mig kläderna och slå mig ner mitt emot henne på några filtar. Templet var litet och rymde nog inte fler än oss, möjligtvis kunde man klämma in en eller två personer till. Till höger om mig fanns ett altare med ljus, växter, statyer och målningar.

Shamanen började med att tacka mig för att jag kommit till henne och för att jag litar på deras uråldriga traditioner. Hon började ceremonin med att förklara vad som skulle hända. Hon talade först sitt eget språk, men översatte sedan till engelska. Hon började sjunga och uttala några slags ramsor. Hon bad mig stå upp och sedan tog hon fram växter som hon plockat under dagen och som var doppade i någon slags vätska. Växterna piskades mot min kropp samtidigt som jag snurrade runt. Hon bad mig att tänka positivt om mina föräldrar och tacka dem för livet. Jag skulle sedan välja två känslor eller tankar som jag ville få bort ur mitt medvetande. Eftersom hon nyss talat om mina föräldrar valde jag upplevelsen av frustration och ilska som uppstod varje gång jag tänkte på min far. Visst hade jag förlåtit honom för länge sedan, men jag kände ofta en viss frustration när jag tänkte på honom. Råkade jag tänka på honom när jag mediterade var det kört. Inget mer mediterande den timman.

Jag hann precis välja en känsla till när jag kände hur hon blåste tobaksrök på mig samtidigt som hon bad mig tänka på dessa tankar och hur de skulle försvinna. Strax efteråt kände jag hur hon spottade ut vätska över min kropp samtidigt som hon piskade mig försiktigt med växterna. Ibland kände jag hur en varm vind slog emot mig samtidigt som hon spottade ut vätskan över mig. Reningen fortsatte någon kvart och sedan bad hon mig ta på mig kläderna igen. Hon gav mig ett ljus och bad mig placera detta på altaret. Det var viktigt att jag gick hit och mediterade och tände ljuset så ofta jag fick tillfälle. Ljuset skulle vara nerbrunnet innan jag reste hem igen.

I duschen förstod jag att det var mer än rök och vätska hon spottat på mig. Det var eld. Några brända spretiga hårstrån var kvar på bröstet, resten var borta. Kände mig lite besviken efter ceremonin, jag hade förväntat mig mer mystik och kanske några andliga upplevelser. De andra hade ju känt mycket direkt under ceremonin och jag konstaterade att jag kanske har blockerat mina känslor igen. Ett klart syfte till första dosen San Pedro kanske skulle vara att få kontakt med mina känslor.

Efter duschen gick jag till meditationssalen och mediterade. Det gick ovanligt bra och jag noterade tydligt att jag kunde tänka på min farsa utan att några som helst känslor av frustration och aggressivitet bubblade upp till ytan. De dåliga känslorna var som helt bortblåsta, eller kanske bortbrända, log jag för mig själv. Jag insåg att Shamanen minsann kunde sin sak.

UTÖKAT MEDVETANDE
(40 ÅR TIDIGARE)

Jag hörde militärerna på håll. De kom allt närmare. Snart var de ifatt mig och jag vågade inte tänka på vad som skulle hända. Miljön kändes bekant, men mer ökenliknande än den jag var van vid. Jag sprang så jag kände blodsmak i munnen. Hörde att soldaterna hade hundar med sig, de skällde och gläfste. Hoppas att de inte släpper dem på mig, tänkte jag. Lite längre bort såg jag en radiomast, en barack och ett gruvhål. Snabbt konstaterade jag att dörren till baracken var låst så jag började klättra ner i gruvan. När jag kommit några meter uppstod en tanke i huvudet. Varför jagar militärer mig? Är det en dröm? Drömmer jag nu? Jag såg mig omkring och det var uppenbart, jag är 12 år. Varför skulle de jaga mig?

Nästa tanke var lockande. Om jag drömmer kan jag ju hoppa ner i gruvan. Sakta släppte jag taget om gruvväggen och jag föll ner och landade på ett sandgolv, helt oskadd. Jag stod där nere och nästa tanke var ännu mer lockande. Kan jag hoppa upp? Jag tog sats och bokstavligen flög upp ur gruvan.

Jag vaknade med ett ryck. Andhämtningen var hög och hjärtat pulserade. Jag hade nyss varit vaken i en dröm.

Denna händelse inträffade innan mina tonår och den har återkommit någon gång om året. Efter att jag har börjat meditera händer de allt oftare, kanske en gång i månaden. Drömvärlden är lik den vakna världen bortsett från massa ologiska händelser förstås. De flesta jag talat med som har haft dessa drömmar protesterar inte när jag påstår att drömvärlden upplevs som vackrare och verkligare än den vakna. Allt man ser och upplever i en vaken dröm är skapat av sitt eget sinne. Man kan påverka mycket, men inte allt eftersom det undermedvetna är medskapare i drömmen. Just detta faktum är intressant när man utforskar sitt eget Själv.

Ursprungsbefolkningar världen över har accepterat och utforskat medvetna drömmar för att använda dem till olika syften. Allt från att besöka förfäder, lära sig mer om andevärlden till att få svar på sina frågor.

I den "civiliserade" världen har lucid dreaming varit "flummigt" fram till den vetenskapliga bevisningen som presenterades under 90-talet. Det man gör i drömmen förändrar den vakna kroppen. Just dessa drömmar har används av många elitidrottare, uppfinnare och vetenskapsmän, människor med ett öppnare sinne än sina kollegor.

När jag började kunna kontrollera klardrömmar experimenterade jag oftast för att se vilka gränser som fanns. Jag konstaterade att att man kan hoppa och flyga obehindrat samt "trolla bort" saker och människor ur drömmen. Ibland är drömmen väldigt solid och okontrollerbar. Jag har i efterhand insett att det är bättre att "spela med" eftersom drömmarna ofta vill berätta något. Numera låter jag alltid drömmen styra eftersom jag misstänker att det är mitt undermedvetna som vill berätta något för mig. Efter en vaken dröm får man extremt mycket energi och en helt ny syn på "den vakna världen".

CEREMONI MED AYAHUASCA

Går noggrant igenom min lilla ryggsäck som ska med på mitt livs första Ayahuascaceremoni. Extra tröja, ficklampa, nya underkläder, rena byxor och en varm mössa. Rena underkläder var ju ett måste eftersom vi hade blivit förvarnade om att några av oss troligtvis kommer att göra på sig. Att man kräks okontrollerat är ju okej och en del av syftet med behandlingen. Men att bajsa på sig, det ville jag verkligen inte vara med om. Jag mindes alla videoklipp jag sett på Internet om hur deltagarna skriker i ångest och hur de spyr hela kvällen. På morgonen efter ceremonin har de varit lyriska och berättar med liv och lust om kvällens upplevelser. Det verkar som om Farmor Ayahuasca kastar dem utför ett stup för att sedan, innan kraschlandningen, fånga upp dem igen.

Nervöst går jag nerför gräsmattan och över den lilla bäcken fram till Malokan som ligger bredvid kaktusodlingen. Vädret är vackert och solen börjar sakta dala. Ceremonin kommer att pågå tills vi alla är nöjda. 8-12 timmar har jag fått berättat för mig. Jag väljer en plats några madrasser från där Shamanerna kommer att sitta. En efter en kommer in i Malokan, några väldigt nervösa och några uppspelta.

Det går någon halvtimma och sedan ser jag på håll hur två personer sakta kommer gående emot oss. De bär på väskor, trummor och massa olika attiraljer. När de kommer närmare ser jag att de är i 40-årsåldern och väldigt stiliga. Mannen har långt svart hår i en hårt knuten fläta, svarta byxor och en traditionell halvlång jacka med vackra mönster. Han presenterar sig och jag blir lättad över att hans engelska är så bra. Den kvinnliga Shamanen är också vacker och har långt uppsatt hår och en elegant sydamerikansk klänning. Hon bär en varm jacka och rejäla skor. De går sakta runt i Malokan och hälsar på var och en av oss. De som varit med på ceremonier förut har köpt tobak och presenter åt dem.

När Shamanerna hälsat på alla deltagarna och lagt upp sina attiraljer frågar de om vi har några personliga saker som vi vill ha fyllda med energi. Några slänger genast fram dagböcker, pennor, smycken och andra personliga saker. Shamanen lägger sakerna på en filt bredvid lägerelden som frivilligarbetarna hjälpt till att anlägga. Sakta börjar de två Shamanerna berätta om vilka regler vi måste förhålla oss till. Det är bland annat hur man går ut och in i Malokan, att man aldrig får gå mellan elden och Shamanen om han serverar medicinen samt lite andra tänkvärda saker. De beskriver hur viktigt det är att inte gå mellan elden och en person som använder spyhinken. Dåliga energier sprids lätt och därför ska man vara försiktig. Han avslutar med att förklara vad som kommer att hända och ger oss lite tips på hur vi ska agera om vi får panik. Det finns några madrasser lite längre bort vid toaletterna för de som kommer att "spåra ur". Vi blir genast nervösa och börjar titta på varandra.

Shamanen skämtar lite för att lugna våra nerver och sedan börjar han och den kvinnliga shamanen att sjunga för oss. Sången är fantastiskt vacker och stämningen börjar bli riktigt fin. Efter sången tar han fram en liten flaska med en svart dryck som består av flytande tobak, eller nikotin. Han sätter sig på knä, häller lite vätska i sin vänstra hand och snortar sedan in allt i båda näsborrarna. Vi förstår genast att det sticker ganska rejält i näsan eftersom han hostar och spottar med rinnande ögon. Den kvinnliga Shamanen följer hans exempel och snart är det vår tur.

Stående på knä känner jag lukten av tobak från vätskan i mina händer. Jag lägger näsan emot handflatan och snortar upp allt så långt jag kan. Det sticker i ögonen och mina andningsvägar känns rensade. Jag hostar och fnyser. På något sätt känner jag mig mer alert, men det kanske är en ren inbillning. Processen fortsätter någon halvtimma och sedan är det dags för att avge syfte. I sakta mak går han till var och en av oss och frågar vad vi vill uppnå. Jag säger att jag vill möta mitt högre jag varpå jag tar ett rejält bloss av hans feta cigarr som han nyss rullat, antagligen enligt konstens alla regler. Han ser på mig, ler och säger okej och går vidare. Nu vet båda han och jag att jag aldrig har rökt tobak. Det var antagligen det mesigaste halsbloss han någonsin sett.

När alla förkunnat sitt syfte är det dags att smaka Ayahuasca. Shamanerna tar först varsitt glas och delar sedan ut ett till var och en av oss. Bart hade varnat oss för att dricka något innan Shamanerna själva smakat det. Tanken är att båda ska dricka och dricker inte Shamanen är det ett varningstecken. Jag står på knä framför lägerelden och får ett glas. Han håller bägaren mot elden och säger något på sitt språk. Sedan häller han upp den sega och svarta vätskan i mitt glas. Jag håller det vördnadsfullt för att visa respekt och sveper sedan i mig allt. Det smakar bark och jord, inget som jag skulle dricka till vardags, men inte så illa som alla sagt till mig.

Jag lägger mig ner och tänker att nu får det bära eller brista, nu finns det ingen återvändo. Det går inte att ångra sig. Shamanerna berättar historier och sjunger vackra visor för oss. Lägerelden sprakar och grodornas pockande ljud hörs i bakgrunden. Det går säkert en halvtimma när de första böjer sig fram över sina hinkar för att spy. Jag mår illa, men vill inte få upp medicinen redan. Tjejen bredvid mig ser plötsligt rädd ut och lägger sig ner och blundar. Killen bredvid mig spyr igen. Jag får helt plötsligt en väldig lust att skratta, men inser att det kanske inte är läge och lägger band på mig.

Efter någon timma blir jag nervös att jag inte kommer att uppleva något. De flesta runt omkring mig yrar, spyr eller ser rädda ut. Jag minns då att shamanen sagt att man kan lura fram Grandmother Ayahuasca genom att låtsats som om man "vunnit" över henne. Jag bestämmer mig för att göra detta och tänker högt för mig själv:

"The viking – Grandmother Ayahuasca 1-0".

Några sekunder senare svartnar allt, jag sugs bort från verkligheten. Tiden står stilla, men plötsligt är jag tillbaka igen. Jag öppnar ögonen och ser hur mörkt det blivit. Bart, som är kvällens eldskötare har lagt på ny ved. Jag blir snopen och undrar hur länge jag varit utslagen. Lägerelden sprakar och jag inser att Shamanen står hukad över mig för att blåsa rök över mitt huvud. Hon säger något och fläktar med några örnfjädrar. Jag blundar och hör framför mig hur en riktig örn flaxar i Malokan. Shamanen börjar sjunga sina Ikaros och jag kan inte vara kvar i verkligheten hur mycket jag än försöker. Jag sugs in i en annan dimension, helt utan min vilja.

Mönster och symboler tar över och jag känner hur jag lutar mig bakåt för att inte ramla på någon. Geometrierna ser bekanta ut och jag undrar var jag sett dem tidigare. Plötsligt befinner jag mig i ett rum och jag känner en närvaro av något slag. Jag vet inte vad, men någon eller något är hos mig. Dimensionen ser tecknad ut, ungefär som en dålig parodi på en LSD-tripp. Rummet vibrerar och pulserar, det är levande. Det är som om jag svävar fram och tillbaka i rummet. Allt är så levande. Ser mig omkring och inser att jag kan fråga saker. Innan jag hinner tänka klart över min fråga får jag svaret. Svaret kommer inte verbalt utan tränger in i mitt medvetande som om det är jag själv som svarar på det, fast mer auktoritärt och utan tvekan, klokare och visare. Som en farmor.

-      Du ÄR ditt högre jag! säger "rösten".

Det känns så självklart, som en insikt, som en förståelse utan tvekan. Jag sjunker ner och blir lugn. Jag känner att jag inte litat på att delarna i mig utgör en helhet. Självet, jaget, masken och det undermedvetna. Nu ser jag plötsligt sambanden så klart.

Plötsligt ser jag en gigantisk vägskylt med texten: "There are no signs". Jag skrattar åt mig själv och inser att jag måste lita mer på mig själv. Scener ur mitt liv dyker upp med situationer där jag vetat svaret, men där jag samtidigt velat ha ett tecken från någon för att kunna gå vidare. Scen efter scen, insikt efter insikt dyker upp tills jag plötsligt är tillbaka framför lägerelden igen.

Jag tittar mig omkring och ser hur folk sover, spyr och snyftar. Ingen verkar ha fått delirium, tänker jag. Plötsligt känner jag mig fruktansvärt illamående, lusten att kräkas har nog aldrig varit större. Jag ställer mig på knä och hukar över hinken. Det känns som om jag vet hur jag ska stå för att det ska vara effektivt, en naturlig känsla. Ungefär som en förstföderska vet hur en krystning ska gå till.

Först kommer det lite vätska, men sedan bara luft. Jag bestämmer mig för att det måste komma ut mer så jag tar i ordentligt och jag känner hur ett stort djur, ett väsen, kommer från mitt inre och upp genom min strupe. Strupen töjs ut och min mun vidgas till en övernaturlig storlek. Det känns som ett Bältdjur med fjäll. Djuret och jag kämpar. Det vill vara kvar och jag vill ha ut det. Jag känner tydligt varje fjäll i min strupe och när djuret är ute känner jag en otrolig lättnadskänsla, som om en demon lämnat min kropp. Jag stirrar rakt ner i hinken som om djuret ligger där, men självklart ser jag ingenting. Jag antar att det är någon slags dålig energi som jag tryckt undan. Pressat bort från mitt vakna medvetande, ner i skuggan. Illamåendet och kräkningarna fortsätter, men nu är det mindre djur, svagare energier som vill ut. Inser plötsligt att jag fortfarande kan ställa frågor. Jag tänker att jag inte orkar spy mer och frågar om det finns mycket kvar och om det finns andra sätt att bli av med dem.

Genast dyker svaret upp i huvudet i form av en auktoritär, men vänlig röst. Samma som innan;

- Det är bara småkryp kvar. Dessa kan du bli av med genom att sträcka på dig, att gäspa, att darra, att stöna ut dem och framför allt att alltid vara ditt egna inre ljus. Genom att alltid låta det lysa och att aldrig tillåta dåliga energier inom dig. Jag har inte bara fått ett verbalt svar, jag vet exakt hur jag ska göra. Jag känner det i kroppen som om jag alltid vetat hur. Som en katt som sträcker på sig eller som ett barn som gäspar för första gången; instinktivt.

Med en otrolig skön lättnadskänsla lägger jag mig på rygg för att tänka igenom allt som hänt. Jag minns att jag glömt fråga vad kräkningarna beror på. Detta skulle man göra när man kräks. Jag kom att tänka på mediumet som jag träffat i Sverige och hur hon känt dåliga energier längs min ryggrad, kanske det var Bältdjuret som jag nyss spytt ut? Tänker på Vipassanaretreaten och hur kroppens grova förnimmelser påminner om dessa energier. Kan det vara samma sak som de kallade Sankaras? Sankaras som stärks eller försvagas beroende på om man reagerar på dem. Kanske det är en och samma sak? Innan jag vet ordet av är det dags för omgång två. Shamanen ler mot mig och håller i bägaren av magisk dryck framför mig.

- Kvällen har bara börjat, Smookie, säger han och blinkar med sitt högra öga. Ska du med?

Omgångarna av magi avlöser varandra, jag ser syner, besöker konstiga dimensioner och varje gång jag lyckats förankra mig i verkligheten i Malokan börjar någon av Shamanerna sjunga. Det känns omöjligt att vara kvar i verkligheten när de sjunger, jag dras in i någon annan värld, en annan dimension. Flertalet gånger kämpar jag emot genom att tänka på andningen, men det fungerar bara några minuter innan jag sjunker bort någonstans.

Kvällen går mot sitt slut. Jag kan hålla mig kvar i verkligheten och runt omkring mig ser jag hur folk ler lyriskt. Jag försöker ställa mig upp, men mina ben bär mig inte. Jag lyckas till slut att stå upp, men mina ben förmår knappt att lyda mina kommandon. En hjälpare kommer direkt och frågar om hon ska hjälpa mig upp till matsalen där mat och frukt serveras. Det måste ha sett komiskt ut. En kvinnlig hjälpare på 45 kilo stöttar en 110 kilo medelålders man ut ur Malokan. Snart kan jag gå själv och via stigar når vi matsalen. Nu klarar mina ben att ta order och jag går fram till kastrullen och slevar upp lite soppa.

Vi sitter i timmar och berättar om våra upplevelser, lyssnar på varandras historier och kramar de som inte kan eller vill prata om vad de varit med om. När jag senare ligger i min säng inser jag att jag just varit med om den bästa upplevelsen i mitt liv, men kanske också den jobbigaste, rent psykiskt och kanske fysiskt. Vet inte om jag orkar en ceremoni till. I övermorgon får vi besök av två Shamaner från en stam i regnskogen, men jag bestämmer mig för att vila några dagar innan nästa kur.

Dagen efter

Efter en lång natt med mycket lite sömn sitter jag på sängen och känner in kroppen. Jag är inte hungrig, men vill gärna prata med andra och höra deras erfarenheter så jag går ner till terrassen för att få i mig lite frukost. Är helt ensam, alla verkar vara morgontrötta. Inte undra på, tänker jag. När jag ätit frukost går jag och läser schemat för dagen. Inser att jag har några timmar för mig själv innan vi alla ska samlas i meditationssalen för att dela med oss av våra erfarenheter från gårdagen. Lägger mig i hängmattan utanför min stuga för att fundera över vad som egentligen hände mig igår.

"Jag är mitt högre jag och jag måste lita mer på mig själv" var den direkta slutsatsen man kan dra, tänkte jag. Kom att tänka på Carl Jungs teori om Självet och Egot. Under gårdagen fick jag en tydlig känsla om att jag klänger mig fast vid egot, när jag i själva verket ofta ser saker ifrån Självet. Det är som två personligheter, eller i alla fall två sidor av samma mynt. Två olika perspektiv. Insikten om att jobba mer med känslorna var given. Med en bättre koll på dem kanske jag kan se präglingar bättre, och har jag tur till och med skönja mina skuggor i det undermedvetna.

Log för mig själv när jag mindes bieffekten med medicinen under kvällen; killarna såg ut som Hobbits och tjejerna var som gudinnor; otroligt vackra.

Plötsligt mindes jag när jag dragits in i en psykedelisk dimension. Ett stort rum där jag fick välja mellan att öppna luckan för "kunskap" eller luckan för "skapande". En röst i mig frågade;

- Are you a "Knower" or a "Creator"?

Jag tvekade inte en sekund. Känslan av att få veta allt när jag dör var överväldigande och känslan att jag ville skapa var mycket mer påfallande, det var ju därför jag lever, insåg jag. Jag öppnade luckan för Creator och fick låna Grandmother Ayahuascas värld. Det kändes som en "Lucid dröm", men att jag snart drogs in i drömmen på dess villkor.

Snart samlades alla i meditationssalen och en efter en gick sakta igenom sina upplevelser. Man kände i luften att alla var väldigt återhållsamma med vad de valde att berätta. Några berättade helt öppet medan andra inte sade mer än nödvändigt.

Vi konstaterade att de flesta hade fått vad de behövde, inte vad de ville ha.

CEREMONI MED SAN PEDRO

Det knackar på dörren och innan jag hinner öppna hör jag dörrens gnissel och åtta hundtassar springa in i rummet för att hälsa mig god morgon.

- Hej, ropar Mollie glatt! Ska du med på en promenad med hundarna?

Mollie är verkligen en gränslös person hinner jag tänka innan jag tackar ja till hennes förslag. Jag snörar på mig vandringsskorna och sedan går vi upp för den branta backen som går genom centret till vägen som leder till Cuenca. Stolt noterar jag att jag inte längre behöver stanna för att hämta andan. Jag har inte druckit kokabladste på flera dagar, ler jag för mig själv.

Vi går runt ägorna och varje gång vi kommer till en ny bondgård kommer ett gäng hundar och skäller på oss. Vid de tillfällen jag vandrat ensam är hundarna mycket närgångna. Men jag har aldrig varit rädd eftersom de flesta hundar i Ecuador är extremt strykrädda. Jag har aldrig behövt gå i närkamp med dem. De är väl någon slags springande larm, tänker jag.

Utsikten är fantastisk och man hör musik nästan överallt. Trots att det är mycket fattigt verkar människorna så harmoniska och välkomnande. Mollie berättar att grannarna får kläder, mat och pengar från centret via deltagarna. Man får mer än gärna skänka saker och pengar, säger hon. Hon tittar på mina 46:or och tillägger; att skorna kan jag nog ta med mig hem till Sverige igen.

Mollie kommer in på kvällens ceremoni och San Pedros effekter. Hon berättar att medicinen öppnar hennes sinnen på ett fantastiskt sätt. Hon känner hur hon är ett med naturen och att allt känns så levande. Levande och medvetet. Som om naturen känner henne. Mollie berättar att hon blir klarsynt av medicinen. Vid de tillfällen hon har tänkt på sina problem har lösningen presenterats direkt. Det var som om hon blev av med någon slags spärr. En spärr som hindrar ett klart tänkande.

- Vad är ditt syfte ikväll? fråga Mollie nyfiket.
- Hmm, för San Pedro? svarar jag och fortsätter: Det känns som om jag levt hela mitt liv i huvudet. Det är som jag varit rädd för mina känslor.

Jag berättade för Mollie hur en kompis rekommenderat ett medium och att jag i ren nyfikenhet åkte dit och träffade henne. Hon var fantastisk och efter den träffen bestämde jag mig för att försöka komma i kontakt med mina känslor. Mollie ville givetvis höra mer så jag berättade vad som hade hänt hos mediumet sommaren några år tidigare. Vi avslutade promenaden och önskade varandra lycka till under kvällen.

Av en slump mötte jag Shamanen på stigen när jag var på väg till första ceremonin med San Pedro.

- Hej, Rolando, sa Shamanen.
- Hej, svarade jag förvånat. Konstigt att han mindes mitt namn. Rolando, det lät ju sexigare än Roland så jag rättade honom inte.
- Hur är det, Rolando?
- Jag är nervös!
- Jag med! Svarade han med spelad rädsla. Och sen lade han till;
- Jag tog med mig lite extra tobak till dig, Rolando.

Bra med humor tänkte jag när vi gemensamt gick in i Malokan. Han lade sina grejer framför sin sittplats och jag försökte hitta en bra plats till mig. Idag skulle vi alltså dricka San Pedro, drycken utvunnen från kaktus. Redan på morgonen när jag vaknat hade jag känt mig nedstämd. Ovanligt nedstämd och det kändes som jag bara ville gråta. Jag kände efter, men kunde inte hitta någon anledning till det utan jag gick iväg tidigare till Malokan för att meditera innan ceremonin startade. Det visade sig att fler hade tänkt samma sak.

Snart var alla på plats och de två Shamanerna förklarade vad som skulle hända. En och en skulle gå fram till Pumaskinnet och berätta vad de hade på hjärtat. Innan någon fick ta plats serverades första koppen San Pedro. En seg och ljus sörja. Inte lika svart som Ayahuasca. Det gick någon timma och Shamanerna sjöng och talade till oss. Nu var det dags att prata inför publik. Jag visste att jag inte skulle få frid i kroppen innan jag suttit där så jag anmälde mig frivilligt.

Väl framme på Pumaskinnet snurrade det i huvudet, vad skulle jag säga? Mitt syfte var väl att känna mer känslor, men hur skulle jag förklara det?

- Vad har du på hjärtat? frågade Shamanen.
- Mitt syfte här idag är att lära mig hur jag kopplar ihop hjärta och hjärna. Det känns som jag bara tänker logiskt och är rädd för att känna. Jag vill även släppa rädslan för att visa mina känslor.
- Vilka känslor törs du visa? frågade Shamanen.
- Glädje svarade jag, och skrattade. Shamanen ställde motfrågor och under 15 minuter var jag i centrum för allas blickar. Han frågade om min roll hemma och jag berättade att jag var den som höll humöret uppe i familjen och att jag även brukar få den rollen i andra sammanhang. Under resterande tid pratade jag helt öppet utan att tänka på vad jag sade, orden bara kom fram.

När jag var klar kände jag mig uttömd. Jag kände att jag inte valt rätt fråga utan tagit en jag redan svarat på själv. Tankar kring min far kom plötsligt upp. Jag insåg att min relation med farsan var obefintlig och att jag borde sluta fred med honom innan det var för sent. Jag hade skickat ett mejl till honom i affekt något år tidigare. Jag menade varje ord. Han hade några år tidigare sagt att jag skulle hålla mig borta från hans liv och att jag inte var välkommen på hans begravning. Som ett litet barn som inte vill ha in andra kompisar i sin koja, tänkte jag. Helt plötsligt en kväll ringde han och ville ha fotografier från farmor. Han hade inte hälsat på hos sin mor på över 20 år och nu ville han att jag skulle ordna med fotografierna. Halvhjärtat hade jag skickat några kopior som han genast ansåg vara dåliga. Jag svarade med ett mejl och talade från hjärtat. Hur elak han hade varit hela vår uppväxt. Hur känslokall han alltid var och hur grym han var när han ignorerade mig i veckor. Jag gav honom exempel för att backa upp mina påstående. Det var det sista jag hört från honom och det kändes skönt.

Jag tänkte på min första träff med den kvinnliga Shamanen och hennes rening. Den hade verkligen hjälpt. Jag var klar med farsan, men något sa mig att jag borde skriva och tacka honom för det positiva sidorna och allt bra jag fått av honom samt berätta att jag gått vidare. Han hade ju styrt allt i mitt liv; när vi skulle ses, om vi skulle ses eller om jag skulle hålla mig borta. Det kändes som om jag borde avsluta det på ett snyggare sätt, att avsluta och se till att han hade bollen. Det får bli ett bra mejl där jag tackar honom och påminner honom om de fina stunderna vi fått tillsammans, tänker jag.

Resten av ceremonin var underbar. Jag som varit nedstämd fick ett glädjerus som varade i flera timmar. Jag var opassande glad och fick hålla masken när de andra deltagarna berättade om sina tragiska erfarenheter av övergrepp och våld. Kvällen var fantastisk och jag lärde mig otroligt mycket av att lyssna på deltagarna och deras liv och dessutom höra Shamanernas syn på det hela.

Den blyga killen tog plats framför lägerelden och förkunnade sitt syfte med kvällen; att på något sätt lära sig hur man får vänner. Han berättade att han konstaterat att det var hans fel att han inte hade vänner; inte andras fel. Shamanen ställde motfrågor för att komma på vad killen själv ansåg vara problemet. För första gången verkade Shamanen inte komma vidare så han frågade oss övriga om vi hade något inspel. Flera deltagare sade till killen att det inte var hans fel utan andras fel. Jag kände mig helt plötsligt väldigt omtumlad, som om jag tog del av killens känslor. Jag hade svårt att avgöra om det var mina eller hans känslor jag kände. Lyssnade på de andras åsikter och kände hur jag instinktivt ville stoppa dem.

Jag funderade på hur jag skulle formulera mig och om jag verkligen skulle säga något. Kände igen mig i killen och såg framför mig hur han spelat ett spel för att bli omtyckt. Misstanken om att han tagit på sig en mask för att få vänner blev allt starkare. Ville ställa mig upp och förklara att vänskap är ett band som ska fästas i hjärtat på parterna, inte i masken. Insåg att jag var "felet" till att mina relationer runnit ut i sanden. Ofta hade jag antagit att mina vänner inte ville umgås och att jag var ointressant så jag valde oftast passivitetens väg.

Tittade på Shamanen som verkade läsa mina tankar. Han kom fram till mig och frågade diskret om jag hade något inlägg. Viskade tillbaka till honom att jag antagligen var ute på djupt vatten och att jag personligen kunde prata med killen dagen efter.

Kvällen gick mot sitt slut och jag konstaterade att San Pedro inte verkade så hallucinogent på mig. Det enda som jag upplevde annorlunda var att världen och naturen var så mycket mer levande och mycket vackrare än jag någonsin insett. Det var som jag inte betraktade omvärlden utan var en del av den. Att vi delade medvetande. Däremot blev jag hyperkänslig för andras känslor. Tittade jag på någon så kändes det som om jag fick ta del av deras inre.

Så här i efterhand kan jag konstatera att San Pedro gett mig det jag önskat, att känna mer. När jag numera lyssnar på musik eller ser på film har jag svårt att hålla känslorna inne. De är mer levande och varje känslostorm känns som terapi för mig.

Jag undrar ibland hur jag skulle ha levt idag om jag lärt mig hantera mina känslor tidigt i barndomen. Livet skulle ha varit lättare och mina relationer skulle säkerligen se annorlunda ut. Men hur jag än vänder och vrider på det inser jag att detta varit min stig att vandra. Kontrasterna har berikat mitt liv. Från att blockera känslor, till att inte förstå dem till att fyllas av dess rika smak är få förunnat. Ensamheten har varit priset, men att höra musikens toner och känna hur de planteras i kroppen för att sedan nå ut i själen är vinsten.

SWEAT LODGE

Sten efter sten bärs in i den lilla bastun som är placerad på en äng bredvid Malokan. Stenarna är rödglödgade och fräser efter ha legat på en bädd av kol i flera timmar. De lyser svagt och man ser de svettiga ansiktena från personerna som sitter närmast. Vi sitter i två ringar, några längs väggarna och några runt stenarna. Det är trångt och mitt huvud når taket om jag stäcker på mig där jag sitter.

Shamanerna berättar att vi kommer genomföra fyra rundor med helt täckta fönster och dörrar. Man ska helst inte gå ut, men måste man så får vi hjälp av frivilligarbetarna. Under varje runda serveras Ayahuasca eller San Pedro. Det kommer bli sång och tal av Shamanerna och ceremonin förväntas ta cirka åtta timmar.

De två första rundorna känns bra, men jag känner hur jag vill gå ut. Eftersom man får mest effekt av att inte gå ut bestämmer jag mig för att försöka stanna i bastun hela tiden. Vid tredje rundan känner jag mig matt och har svårt att få syre. Känner ingen effekt av medicinerna utan all kraft går åt till att syresätta kroppen. Plötsligt vaknar jag av att fler stenar kommer in. Jag lägger mig mot väggen och försöker andas, känner att jag inte får tillräckligt utan svimmar. Timmarna som kommer är fruktansvärda. Envist håller jag mig kvar i bastun och jag tuppar av hela tiden. Ser hur den kvinnliga Shamanen håller uppsikt över mig. Timmarna går och jag får en känsla av att jag dör, vaknar och dör, vaknar och dör, vaknar och dör.

Plötsligt vaknar jag av att det serveras frukt. Shamanerna sjunger och jag inser att allt är över. Det tar någon halvtimma och sedan går vi ut. Kryper ut ur bastuns minimala dörr. Känslan av att komma ut i den kalla friska luften är obeskrivligt skön. Jag får hjälp till lägerelden där vi avslutar ceremonin. Tar på mig varma kläder och sedan går jag till terrassen och dricker så mycket juice jag kan för att få energi. En frivilligarbetare hjälper mig till lägerelden där det sjungs och berättas historier av de övriga frivilligarbetarna.

En helt tom Roland ligger och tittar på stjärnhimlen. Inte en känsla kvar, kroppen känns nyfödd. En nyfödd kropp som kan fyllas med ny energi. Inser att jag varit mycket ansvarslös som varit kvar i bastun hela kvällen, men om detta var resultatet så var det värt det. Funderar över varför jag inte hallucinerat och då för jag en konstig tanke som säger att medicinen under kvällen har visat mig hur det känns att dö, om och om igen. Det är medicinen som fått mig att "svimma", inte syrebrist.

Jag beslutar mig för att aldrig mer prova Sweat lodge, om jag provar igen så kommer jag sitta utanför bastun istället så som några av deltagarna gjort.

Efter några timmars lyssnande på sång och prat reser jag mig upp och samlar ihop mina saker. Går utmattad mot min stuga och eftersom det är uppförsbacke går det mycket långsamt. Hör hur två frivilligarbetare diskuterar om huruvida de ska hjälpa mig eller inte. Känner hur en svag känsla byggs upp i min kropp. En känsla som är välbekant och som jag länge hoppats på vara försvunnen. En känsla av ensamhet och otillräcklighet, en önskan om att bli omhändertagen, sedd och älskad. Känslan triggar tankarna och de omformar i sin tur känslan. Kategorisering och namngivning startar. Tankarna börjar bygga en historia kring känslan, ett fantasislott byggt av tankar och känslor.

Ser hur tankarna dras i olika riktningar. Från tankar kring mig, eller egot, till tankar kring andra människor. Hur bedömning av andra äger rum. Bedömningar som utgår från egot. Tankarna inkluderar sedan mig och andra, ger ljus åt relationen mellan dessa objekt. Betraktaren av detta "jag-skapande" är fri från tankar och observerar fritt från bedömningar.

Ser fjärilen framför mig och inser att jag ska använda de två vingarna. Mönstret som varit en hällristning är nu tecknat i sanden. Med en fjärils vingar och med tidens vågskvalp kanske mönstret i sanden sakta sköljs bort. Nästa gång mönstret framträder kanske det tecknas i vattnet där det inte får fäste.

Ligger i sängen och känner hur känslan sakta tynat bort. Den fick inte fäste. För några år sedan hade jag blivit djupt besviken över känslan, tankarna hade loopat och byggt upp en historia baserat på vad jag för tillfället hade problem med i mitt liv, minnen som triggats eller helt nya påhittade scenarios. Men nu fick inte känslan fäste, detta tack vare de två vingarna; Medvetenhet och Sinnesjämvikt som nyss gjort en lyckad flygning. Jag stannade processen.

Från känslan av en helt tömd kropp kom en process upp med en känsla och tankar. Var det den sista i kroppen? Var det den största? Var det den första? Var det den primära?

Beslutar mig för att det var EN process bland fler. En process med en trigger, en bedömning, en känsla och tankar. Vingarna hade fungerat, mattan hade inte fått en större knöl och egot hade inte stärkt sina gummiband.

ANDRA CEREMONIN MED
AYAHUASCA

Framåtlutad över spyhinken hör jag hur örnfjädrarna flaxar i Malokan. I mitt medvetande skapas en illusion av hur en alldeles riktig örn letar sig fram bland oss deltagare. Jag vill titta efter den, men eftersom jag vet att det inte finns någon lyssnar jag bara på ljudet av fjädrarna. Stämningen är magisk.

När jag mår bättre lutar jag mig tillbaka och ser mig omkring. Det har gått några timmar och alla verkar helt utslagna. Någon spyr och några får hjälp ut ur Malokan för att gå på toaletten. Tjejen bredvid mig ler mot mig samtidigt som tårarna rinner längs hennes kinder. Jag vill hjälpa henne, krama henne, men minns Shamanens ord att sköta oss själva och låta Shamanerna och frivilligarbetarna att bistå med hjälp. Dåliga energier sprids lätt under dessa omständigheter.

Jag känner mig illamående igen. Lutar mig tillbaka och andas djupt. Orkar inte kräkas mer. Shamanen börjar sjunga och hans sång får mig att bli yr. Känner hur en annan dimension tar tag i mig, för mig iväg.

Plötsligt befinner jag mig i en skyttegrav. Det är mörkt och lerigt, jag snubblar fram över stenar och rötter som hackats av för att inte utgöra hinder i skyttegraven. Himlen är blodröd, det brinner och ryker omkring mig. Det är kväll eller natt, är osäker om mörkret beror på att det är natt eller om all rök svärtat ner allt omkring mig. Framåtlutad springer jag fram till en kropp som ligger livlös mot skyttegravens vägg. Mannens ben ligger onaturligt och jag förstår att de är brutna. Böjer mig över honom och blir sittande framåtlutad över en död soldats kropp. Jag tar tag i hans stridssele och försöker skaka liv i honom samtidigt som jag skriker rakt ut. Förstår inte orden jag säger eller vem han är. Det känns som om han är min bror. Inser att det inte är min bror, men känslan är densamma, känslan att vi alla är bröder. Ser mig omkring bland röda kroppar med vita sargade benpipor. Överallt ligger döda kroppar, döda bröder, det känns som jag är deras befäl och är ensam överlevande. Alla mina bröder är döda. De ligger där sargade och utan liv, det är mitt ansvar, bara mitt. Frustrationen och ångesten sliter itu varenda cell i kroppen.

Plötsligt är jag tillbaka i Malokan, jag blundar och ser framför mig hur jag står i mitt fönster som barn och har ångest. Ångesten, eller stenräknarkänslan som jag kallade den som barn, känns precis som i skyttegraven. Farmor Ayahuasca vill visa mig något mer. Plötsligt ser jag hur jag som barn tittar i en uppslagsbok om människans historia. Jag bläddrar upp Goyas målning: "Den 3 maj 1808 i Madrid: arkebuseringen". Jag minns att jag som barn ofta betraktade målningen och mannen som står framför arkebuseringssoldaterna. Han står i en vit skjorta och tittar uppgivet på soldaterna samtidigt som han sträcker ut händerna som för att säga; se mig, jag är en människa, en människa precis som ni.

Bilden har etsat sig fast i mitt medvetande. Känslan, den känsla som jag känt som barn när jag såg bilden sjunker in i bröstet. Då förstod jag den inte, nu kan jag sätta namn på känslan. Det är en obeskrivlig djup känsla. En stark och djup känsla av ofattbar meningslöshet. Meningslösheten i att döda våra bröder.

Jag hämtar andan och undrar vad som nyss hänt. Är det ett tidigare liv jag sett? Är det en biologisk reaktion som jag ärvt från släktingar som varit med i kriget? Hjärtat bultar. Hinner inte fundera så mycket förrän den kvinnliga shamanen lutar sig över mig och blåser tobaksrök över mitt huvud och ansikte. Har hon sett min panik och kommit till mig för att lindra? Röken och hennes ord känns lindrande även om jag inte förstår ett ord av det hon säger. Ångesten är borta och på något sett förstår jag att det är för alltid. Är det stenräknarkänslan som jag nyss sagt farväl till?

Shamanens sång börjar och jag försvinner, sugs bort igen. Nu är jag i ett helt tomt utrymme. Det känns som mitt jag svävar uppe i hörnet. Jag känner frid, en harmoni. Jag känner att jag inte är skilt från något; jag är ett med allt. Plötsligt ser jag en liten svävande geléklump i nederkanten av "rummet" jag befinner mig i. Det ser ut som en manet fast utan svans, bara en rund mjuk boll. Jag hör "rösten i mitt huvud".

- Ska vi ta bort de sista bitarna av egot? Det är ju inte mycket kvar!

Rösten är lekfull som om svaret är givet. Rösten vet redan vad jag kommer svara.

En ofattbar skräck infinner sig. En dödsångest jag aldrig tidigare känt, värre än den i skyttegraven. Jag inser att jag är utrymmet, Självet eller kanske det fjärde och femte tillståndet, och att geléklumpen jag tittar på är egot med de präglingar jag kanske inte får med mig efter döden. Skräcken känns ologisk, men så obeskrivligt verklig. Jag minns att man inte ska göra något man inte tror på fullt ut under Ayahuascans inflytande. Jag väljer att ha kvar geléklumpen med ursäkten att jag kan jobba bort den senare i livet. Jag känner en känsla av feghet samtidigt som en insikt tar form. Jag har valt rätt. En fantastisk känsla fyller mig. Jag är komplett, de skavanker jag har kvar kan jag jobba med sedan. En djup frid infinner sig. Ayahuascamedicineringen är klar; patienten utskriven. Elvis has left the building, tänker jag.

Jag ber en hjälpare att få ut mig ur Malokan. Vi lägger ut några filtar på gräsmattan bredvid kaktusodlingen och jag tittar på den fantastiska stjärnhimlen och hör grodornas pockande. Eldflugornas dans blandas med gnistor som sakta stiger från lägerelden. Eldflugornas ljus blinkar medan gnistorna sakta förenas med stjärnorna.

En annan hjälpare kommer fram till mig. Hon böjer sig fram och säger leende;

- Du ser lycklig ut! Vill du ha en kram?

Hon ställer sig på knä och vi kramas.

- Jag är klar. Färdig. Jag är hel; säger jag.

- Det är klart, det har du ju alltid varit. Det är bara att du inte vetat om det förrän nu! svarar hon leende.

Sitter och betraktar mina nya familjemedlemmar i Malokan. Ser hur de gråter, skrattar, kräks och yrar. Några verkar ha det lugnt och några verkar kämpa med sina syner och insikter. Shamanerna turas om att lindra och prata lugnande med deltagarna. Tobaksrök och örnfjädrar verkar lätta på panikkänslorna. Ibland verkar det som om den som fått rök blåst på sig inte var medveten om att Shamanen just varit framme hos dem. Det är som Shamanen ser deltagarnas syner, delar dem.

Ceremonin går mot sitt slut och alla verkar nöjda med sina upplevelser, eller i alla fall klara, de vill inte ha mer. Jag vill inte ha mer. Jag vill ha frukt och sömn. Shamanerna samlar alla i Malokan och avslutar genom att tacka naturen för alla gåvor och så tackar de oss, västerlänningar, för att vi valt att förbättra våra liv hos dem och att vi tror på deras urgamla traditioner. Kvällen avslutas med soppa och frukt.

Efter maten går jag sakta tillbaka mot min stuga. Känner en så stark känsla av tacksamhet att tårarna sakta börjar rinna över kinderna. Den medkänsla och tacksamhet jag känt under ceremonierna känns så helande. Jag minns min vandring i Spanien och hur en liknande känsla av tacksamhet infunnit sig.

JAG ÄR ALLT JAG BEHÖVER VARA
(2016)

Står framåtlutad över mina vandringsstavar och tittar upp mot bergstoppen som nästan är inom räckhåll, kanske 20 meter kvar. Vänder mig om och ser hur molnen letar sig fram i dalgångarna i det spanska fantastiska landskapet. Pulsen och andningen är hög, men de sista metrarna ska inte behöva vänta. Går upp på toppen och in i hagen som ligger precis bredvid leden. Slår mig ner framför en sten och tar av mig vandringsskorna. Inga blåsor. Lägger ner vindjackan som underlag och dukar fram min matsäck. Frukt, tonfiskpaj, vatten och nötter. Ser vandrare efter vandrare vända sig om och njuta av den fantastiska utsikten från "den franska leden". De vinkar åt mig, ler och fortsätter sin vandring. Pilgrimsvandrare vill helst vandra och äta själv, om det inte är på ett fik då man gärna pratar med varandra i timmar.

När maten är slut lutar jag mig mot stenen och njuter av solen i ansiktet. Hör plötsligt ett flämtande ljud och ser hur en schäfer sakta kommer lunkande mot mig. Känner ingen rädsla eftersom den ser mig utan att öka farten eller skälla. Hon luktar på mig och jag häller upp lite vatten i min plåtmugg. Hon slickar i sig vattnet och lägger sig sedan bredvid mig så att jag kan klappa henne. Hon är välskött och har halsband så jag antar att hon bor i byn längre fram. Hon lägger huvudet i mitt knä.

Tiden går och helt plötsligt kommer en djup känsla av tacksamhet. Känner en värme i bröstet och tårarna börjar rinna hejdlöst längs kinderna. En vandrare stannar och tittar bekymrat på mig, jag vinkar att jag är okej så han fortsätter. Tårarna går inte och att hejda och jag vill heller inte hejda dem, något vill ut. Kunde inte minnas senaste gången jag grät, kanske var det som barn. Känslan av tacksamhet kom från ingenstans och helt plötsligt. Det var som en djup insikt att jag var allt jag behövde vara, jag hade allt jag hade behov av och jag behövde inte bli något mer. Allt var som det skulle vara.

Jag hade haft denna känsla en gång tidigare, natten då jag beslutade mig för att säga upp mig och flytta hem igen. Det var en kall vinternatt i Stockholm när jobbarkompisarna och jag hade firat ett projektavslut. Alla hade sakta gett sig av hemåt till sina familjer. Jag satt ensam kvar på puben och det sista jag ville var att åka hem till min tomma och tråkiga övernattningslägenhet. När ölen tog slut tackade jag för mig och tog tunnelbanan hem. Kände mig ensam när jag betraktade alla par som var på väg hem till sig.

I Ropsten klev jag av och möttes av kalla, piskande vindar. Lite längre fram på perrongen kom en gammal man lunkande. Han lutade sig över papperskorgen för att genast konstatera att någon annan redan tömt den på pantflaskor. Han såg att jag betraktade honom så han satte fart mot mig. Hans kläder var otroligt smutsiga. Ansiktet var lika smutsigt och väldigt väderbitet. Jag reagerade direkt när jag mötte hans ögon. Ögonen var övernaturligt klarblå och pigga, levande. De betraktade mig vänligt och utan att han behövde säga något tog jag upp det som var kvar i mina fickor. Jag konstaterade snabbt att det var på tok för mycket, men nu hade jag ju redan börjat ge honom pengarna. Utan någon som helst reaktion tog han pengarna och stoppade ner dem slarvigt i sin jackficka. Han behandlade dem som vilket papper som helst. Han tog tag i min hand och sade tack. Huden var smutsig, men väldigt len och varm. Det var som han utstrålade värme i hela sin uppenbarelse. Utan att tveka gick han till nästa papperskorg.

När jag satt på bussen den sista etappen hem till lägenheten infann sig ett lugn och en värme i mitt bröst. Nyss hade jag uppfattat den gamla mannen som otacksam. Nu insåg jag att tacksamhet var något man hade i sig själv. Är man full av tacksamhet ger man till andra. Man ska inte kräva tacksamhet för något man ger, man ger ju av medkänsla. Det borde ju vara en grundläggande mänsklig egenskap; att se till att medmänniskor har det de behöver. Jag var tacksam för det jag är. Allt var så klart, vad gjorde jag i Stockholm? Jag har ju allt jag behöver hemma och inom mig.

Jag log när jag tänkte tillbaka på händelsen i Stockholm och någon halvtimma senare baddade jag mitt rödmosiga ansikte i vatten och snörade på mig kängorna. Min tid på pilgrimsleden var över. Två snabba dagar och sedan flyg hem till min underbara familj.

Shamanen plockar omsorgsfullt undan Pumaskinnet som legat framför lägerelden samtidigt som han skämtsamt påminner oss om att Shamaner kan inta skepnaden av en Puma.

Pumaskinnet har vi alla suttit på, en efter en, för att berätta om våra problem eller önskemål. Problem som vi vill bli av med eller jobba vidare på. Personen som suttit på skinnet har i de flesta fall fått hjälp antingen via Shamanernas vishet eller via sin egen vishet, förstärkt av San Pedrons helande kraft. Där Shamanen inte haft något svar har han tagit hjälp av oss andra och plötsligt har dialogen utökats till en slags gruppterapi. Nu är den individuella delen över, men innan vi får lov att dricka och äta igen, något som varit strängt förbjudet, vill Shamanerna förmedla något viktigt till oss.

Shamanerna talar till varandra på sitt språk och sedan börjar den kvinnliga Shamanen med att tacka oss för att vi har tagit deras seder och bruk på stort allvar. De är hedrade att vi tror på medicinerna och deras förmåga att skapa kontakt med andevärlden. De tackar speciellt för att vi tagit medicinerna hos dem och att de fick guida oss. Återigen påminner de oss om riskerna med att ta medicinerna utan kunskap. Jag tänker tillbaka på de tillfällen som Shamanerna hjälpt deltagare som blivit rädda eller fått panik. Deras hjälp har varit ovärderlig för många av oss. Shamanen avslutar med att sjunga en sång samtidigt som hon slänger träspån från Cederträdet in i lägerelden. Det ryker till och röken stiger sakta ut ur Malokan. Hon säger något på sitt språk. En rysning går genom ryggraden och jag tittar mig omkring. Flera deltagare ser rörda ut.

Den manliga Shamanen tar vid. När trummorna och hans sång tystnar pratar han lågmält till oss. Han vill berätta Profetian om Örnen och Kondoren[12]. Han berättar:

För flera tusen år sedan flög Örnen och Kondoren tillsammans. Kvinnligt och manligt levde i harmoni med varandra. Den amerikanska urbefolkningen förutspådde att mänskligheten skulle dela upp sig i två grupper. Den ena gruppen kommer att välja Örnens väg som symboliserar Norr och är associerad med manlig energi och fokus på egot eller sinnet. Den andra gruppen kommer att följa Kondorens väg som symboliserar Syd och är associerad med kvinnlig energi med fokus att följa hjärtats väg.

För de infödda amerikanerna symboliserar Örnen vishet, styrka och mod. Kondoren ansågs vara en fertilitetssymbol, men representerade också visdom, rättvisa, godhet och

---

[12] Jag återberättar som jag minns Shamanens historia. Skillnader med den riktiga profetian kan förekomma.

ledarskap. Fåglarna var centrala symboler för både Nord- och Sydamerika, men kunde användas olika i olika stammar. Just visheten och kvinnligt ledarskap har varit naturligt i Ecuador. Staden Incapirca styrdes länge av Cañari, som var ett matriarkalt samhälle. Samhället var väl utvecklat och hade starkt försvar. Inkaindianerna lyckades aldrig fälla dem i strid utan fick infiltrera samhället och på sikt ta över det.

Shamanen ser allvarsam ut och säger att Profetian slagit in och hänvisar till Nordamerika och européernas inflytande och ledarstil. Efter en konstpaus säger han att många Shamaner har börjat se tecken på att Örnen och Kondoren åter kommer att flyga tillsammans, precis som Profetian säger. För mänskligheten innebär det att vi kommer återförenas i frihet. Mänskligheten kommer att få ett expanderat medvetande och detta innebär att hjärta och hjärna kommer förenas, konst och vetenskap kommer att samarbeta och manligt och kvinnligt kommer komplettera varandra. Shamanerna avslutar med en vacker sång och ber oss samtidigt att värna om jorden och vattnet.

Jag sitter och funderar över den vackra profetian. Det europeiska sättet att styra har varit förödande för jorden, speciellt utanför Europa. Överallt har vinstintresse och girighet styrt, man har sett "infödingarna" som vildar utan någon som helst viktig kunskap (undantag finns givetvis). Jag minns hur jag som barn fascinerades av urinvånarna i Australien. Ju mer jag läst om dem inser jag vilken fantastisk kunskap de besitter och hur socialt utvecklade deras samhällen är. Dessvärre växer även bilden om hur illa européerna har behandlat dem. Ett skräckvälde utan dess like med mord och politiskt förtryck.

Ser man Shamanens berättelse ur individuellt perspektiv är den kusligt träffsäker. Under mina år har jag mer och mer insett hur man måste förena hjärta och hjärna, integrera "manligt" och "kvinnligt" i sig själv för att vinna frihet och harmoni i sitt eget liv. I traditioner från öst framgår detta tydligt, men även västerländska vetenskapsmän som Carl Jung tar upp detta i sina teorier. Ju fler som skapar harmoni inom sig, i den "individuella drömmen[13]" ju starkare blir friheten i den "kollektiva drömmen", samhället i stort.

Jag ser mig omkring och inser vilka härliga människor jag har fått tillfälle att lära känna. Unga människor med en sådan fantastisk potential att uträtta bra saker i världen. Deras vilja att utvecklas som människor och deras öppenhet för andra människor och kulturer. Äldre deltagare som trots deras prägling är villiga att utvecklas och förändras i grunden. Deras bejakande inställning till andras kulturers levnadssätt. Här har vi inte varit våra nationaliteter, vi har inte varit vår religion, vi har heller inte varit vår politiska övertygelse utan här har vi fått vara oss själva utan fördömande och utan att vi behövt försvara oss. Vi är en familj.

Minns kvällen vi talat om "Consciousness" och att vi är det fjärde tillståndet[14] som är möjligheten till det vakna tillståndet, drömtillståndet och den drömlösa sömnen. Alla dessa tillstånd är fullt nåbara med olika medel. Vi upplever det vakna tillståndet med olika grad av medvetenhet (awareness).

---

[13] Se Toltec, "dream of the planet" och "the personal dream". Kapitel prägling.

[14] Turiya och Turiyatita.

Detsamma gäller drömtillståndet som jag lärt mig att nå med klardrömmar och ibland spontant eller med en viss grad av meditation. Växtmedicin, som de vi provat de senaste veckorna, är även de en genväg till andra tillstånd av medvetenhet. Dessa tillstånd kan nås spontant eller med hjälp av beslutsamhet. Uppvaknande eller upplysning kan bli resultatet. De inåtvända traditionerna på jorden har insett detta länge och nu har väst börjat vakna upp och i och med det även forskningen.

Medvetandets tillstånd blir allt mer kända i väst, men jag känner att någonting saknas. Forskarna i väst har identifierat en slags struktur i medvetandet som öst inte talar om, mig veterligen i alla fall. En slags mognadsgrad som är nollställd vid födseln och som stiger i takt med ålder och mognad. Strukturen påverkar hur man ser på världen omkring sig. Ett spirituellt uppvaknande är alltid positivt, men förändrar inte världsbilden man för tillfället "har tillgång" till.

En uppsjö av "gurus" jag stött på verkar ligga på en låg nivå och det blir speciellt tydligt när de gör entré i den moderna världen där deras tradition inte längre håller koll på dem. De blir som småkungar och skriver sina egna lagar. Jag har även stött på "spirituella" som verkar ha en väldig hög mognad och som ser fördelar och nackdelar både i väst och öst samt i vetenskap och andlighet.

Något säger mig att de två perspektiven på "Consciousness" är helt nödvändiga för den mänskliga civilisationens överlevnad. De gamla traditionerna måste förstås och bevaras. Men det är även viktigt att traditionerna avkodas vetenskapligt så att vi förstår dem bättre.

140

Den personliga spiritualiteten får inte stå i vägen för den globala och kollektiva andliga mognaden.

ÅTERKOMSTEN

Sitter på tåget och inser att jag är hemma om fyrtiofem minuter. Känner mig lugn och harmonisk. Vilket äventyr! Det känns som om allt jag undrat över har besvarats, eller i vart fall som om jag slutat undra.

Tittar ut genom tågfönstret och förundras över hur bekant landskapet ser ut. Alla år som veckopendlare till Stockholm har medfört att jag kan sträckan utantill. Den enda skillnaden nu är betraktaren. För några år sedan ville resenären snabbt fram, göra nästa sak, uppleva, utvecklas och lyckas. Ofta lyrisk och upprymd för att helt plötsligt vara frustrerad, rädd och arg. Resenären såg allt ur egots perspektiv. Inget fel med det, allt har sin tid. Jag hade inte velat vara utan den resan en enda sekund, varje minut förberedde mig för den jag är nu.

Nu när jag ser ut över landskapet ser jag harmoni. Jag är den som upplever allt. Det finns en nöjdhet med att vara precis där jag är. Behöver inte ha bråttom, allt kommer i sin tid. Jag är ute på ett äventyr. Inget och allting har förändrats. Jag är den jag är och behöver inget mer, behöver inte vara något mer.

Egot finns kvar i medvetandet. Ibland blir det känslostormar som triggas igång, men utåt sett finns oftast inga reaktioner, bara väl valda åtgärder om det behövs. Funderade länge över vad som har varit mest till nytta för min transformation. Är det vandringarna i tysthet, meditationstekniken Vipassana eller psykedeliska mediciner? Eller en kombination?

Jag konstaterar att det första och det största steget var Vipassana. Med hjälp av tekniken fick jag sinnesjämvikt. Att observera utan att reagera. Tack vare sinnesjämvikt kunde jag välja mina strider, jag behövde inte ha på mig stridsmunderingen hela tiden. Antalet konflikter inom mig och utanför mig decimerades. Med min förändrade självbild ändrades min syn på världen.

Det andra steget var litteraturstudier och med hjälp av dessa förstod jag att egot var en fantasiprodukt, men en helt nödvändig sådan. Egot behövde växa och integreras med andra delar av mitt sinne. Mitt undermedvetna började visa sig. Självgranskning var nästa steg.

Självgranskning visade sig vara en mycket svår konst och det krävdes båda avskildhet så man hann reflektera och ett socialt liv där man kunde se sina reaktioner och försöka förstå dem. Jag insåg snart att jag behövde lova mig själv att inte döma eller berömma mig själv. Det hade jag gjort tillräckligt i mitt liv. Jag dömde mig alltid hårdare än vad andra gjorde. Pilgrimsvandringarna började som inre reflektion, men övergick snart till ett ytligt prestationslopp. Att gå riktigt långt och fort blev viktigare än självgranskning. Det borde jag förstått innan jag vandrade iväg, jag älskar ju att ligga på min fysiska gräns för utmattning. Men interaktionen med andra visade mig det jag läst mycket om; människans präglingar. Jag såg tydligt mina triggers och vad som skiljer och förenar mig med andra.

Nästa jättekliv var mediumet som visade mig min skugga. Min lyckliga barndom krackelerade något och fram trädde en bild av mig själv som jag förträngt; aggressioner gentemot farsan. Farsan var till stora delar en mycket bra far, men hans psykiska problem satte käppar i hjulet för honom. Han och hans fars uppväxt var inte idealiska och tidsandan formade dem som män, tysta män. Jag såg mitt mönster, men fick en möjlighet att gå till botten med mina relationer genom ytterligare en dos självgranskning. Även om vår relation inte var hel så kände jag mig i alla fall klar med farsan. I alla fall nästan klar.

När jag väl valt att slutligen prova Ayahuasca kände jag mig klar. Jag hade fått en bild av vad jag var, hur medvetandet fungerade och ungefär hur ett mänskligt psyke fungerar. Däremot insåg jag av de hundratals timmar av videoklipp jag sett att växtmediciner kan ta fram djupt liggande problem som gömt sig i skuggan. Jag hade hittat massor av lagrade energier och traumatiska händelser som etsat sig fast. Växtmedicinerna hade varit som honung för själen. Djupt liggande problem kom upp till ytan och jag såg hur de påverkat mig och mitt liv. Grandmother Ayahuasca visade mig att jag var på rätt väg, att jag kunde vandra resterande väg själv och inte minst så hade jag fått en genväg visad för mig i Malokan. Alla småsaker som kom upp i skuggan hade säkert tagit mig över tjugo år att inse på egen hand. Jag förstod fortfarande inte allt som jag upplevt, men eftersom jag kände mig så mycket mer harmonisk så gjorde detta ingenting.

När jag satt på tåget och summerade min tid så verkade det som att något hjälpt mig att sortera ut vad jag behöver göra och när. Allt verkar ha kommit i rätt tid, på rätt plats och med rätt personer. Det var som om jag var på botten och att allt bara kunde bli bättre. Kom att tänka på ordspråket som säger att man ska placera sig lägst så att allt rinner till en. Sitter man längst upp så rinner allt bort.

Att lämna bubblan i Cuenca var dramatiskt. Inte att gå ur den, att lämna den, utan att komma in i världen utanför. Att möta människor som inte ler, inte hälsar utan bara stirrar tomt framåt. Stressade och frånvarande människor vars liv verkar bestå av att vara på någon annan plats, framåt, uppåt, men inte här, inte närvarande. Föräldrar som drar barnvagnar samtidigt som de kollar sin mobiltelefon. Ungdomar som sitter bredvid varandra, frånvarande. Överallt människor som vill snabbt fram, snabb service, mer, oftare och bättre. Jag mindes ett samtal jag haft med en nyinflyttad thailändska. Hon tyckte att vi i Sverige förlorat "fjärilen i bröstet". Jag förstod precis vad hon menade.

I varje ny tidning och i varje nyhetsreportage stod en politiker, oavsett partitillhörighet, och beklagade sig över hur illa alla andra sköter sig. Det verkar som de bara säger vad folk vill höra. Världens befolkning står inför de största utmaningar mänskligheten har mött och dagens politiker verkar ha insett problemet, men saknar förmågan att förstå allvaret. Jag minns Krishnamurti och hur han menar att "Ledarna förstör följarna och att följarna förstör ledarna." Jag förstår precis vad han menade.

Vårt enda sätt att komma framåt i detta låsta läge är att börja hos sig själv. Vända blicken inåt, våga möta sig själv och inse sina präglingar, se sina skuggor och demoner. Varje människa med modet att möta sig själv förändrar sig själv och därmed förändras även världen. Världen kommer aldrig att förändra oss.

Varje person som har modet att se sig själv kommer aldrig se världen som innan. Vi lever i paradiset, men ser helvetet. Ett helvete som inte finns, annat än inom oss själva.

"The self and the structure of the self is based on nothing . The innermost depth of the self is absolutely not-a-thing"

Jiddu Krishnamurti

DÖDEN

Hade varit hemma från Ecuador i några månader när jag plötsligt får ett sms av en avlägsen släkting där han berättar att han hållit kontakten med farsan under många år. Han beskriver hur han försökt få farsan att kontakta oss, men att hans försök varit bortkastade. Nu vill han informera oss om att farsan fått cancer och att han inte har långt kvar.

Jag tar fram datorn och letar upp anteckningarna med utkastet till mejl som var tänkt till farsan. Mejlet som jag aldrig skickat iväg. Mejlet där jag förklarar för honom att jag inte lägger någon skuld hos honom, att jag inte känner agg eller har något hämndbegär. I texten berättar jag också om hans storhet och vilka egenskaper hos honom som jag är stolt över. Jag berättar minnen av honom där jag varit stolt över att ha honom som far. I hans bästa dagar var han så mycket mer far än vad mina kamraters fäder kunde vara. Jag redigerar texten till absurdum, sedan skickas mejlet iväg.

Det går några dagar och sedan får jag ett sms där han kort tackar för mejlet och vill höra mer om mina döttrar. Känner i bröstet hur en svag känsla av besvikelse triggas. Känslan är svag, men jag känner hur egot är skakat, lite omskakat, men inte sårat. Inte ens på dödssängen förmår han fråga om mig utan alltid om någon annan. Om det är en slags härskarteknik eller bara tanklöshet vet jag inte, jag bryr mig inte längre. Eftersom det gällde mina barn så kändes det i alla fall okej. Vi sms:ar mellan varandra några dagar och sedan beslutar vi oss för att träffas.

Jag minns Shamanens reningsceremonin och hur hon framgångsrikt lyckats få bort mina känslor av frustration kopplat till farsan. Den andra Shamanen hade fått mig att inse att man hade sina föräldrar att tacka för att man lever, hur dåliga föräldrar de än var. Dessutom skulle man visa tacksamhet för de egenskaper man hade tack vare dem. När jag under åren, sakta men säkert, började förstå mig själv förstod jag även farsan. Hans otroligt stora krav på sig själv, hans stora ångest och hans totala avsaknad av språk. Han kunde inte förmedla sina känslor, inte förklara dem och han kunde säkert inte heller förstå dem. Det blev alltid en massa missuppfattningar. Vi triggade varandra. Min ilska och mina aggressioner mot honom hade sakta börjat bytas ut till förståelse, eller kanske rent av medkänsla.

Åkte de tjugo milen till sjukhuset och klev in i en för mig bekant miljö. Jag hade ju arbetat på sjukhus och kände igen lukterna. Tog hissen till hans avdelning och steg in i sjukhussalen. Framför mig låg en gammal och mager man. Ett benrangel med skinn. Hans röst var låg och ansträngd. Jag gick fram och kramade honom och gav honom en lång puss på pannan. Här låg min gamla hjälte, mitt hatobjekt tillika min far. Han hade alltid varit kraftfull, nu låg han framför mig som en kraftlös spillra av sitt forna jag. Cancern hade ätit upp honom. Skulle han prata om det förlåtande mejlet? Skulle han bli arg igen? Skulle han kalla mig dum? Nu var jag rustad för alla utspel från hans sida. Inget han sa skulle trigga några blinda reaktioner i mig. De skulle sakta observeras och sedan sjunka undan, ett beslut baserat på förnuft skulle fattas istället för en förutbestämd reaktion.

Samtalet flöt sakta på. Inget av värde sades. Tomma ord utbyttes. Då och då skrattade han åt mina skämt. Hans ögon var snälla och fulla med beundran. Inget hat syntes. Fanns hatet under ytan eller hade cancern tagit även det? Besöken var korta och hjärtliga. Han gjorde sitt allra bästa att konversera, men språket fanns inte där. Språket räckte bara till våra torftiga samtal. Hans enda oro var att pengarna han ville föra över till oss inte kommit fram. När jag sedan sade att pengarna kommit in på kontot drog han en lättnads suck. Orden hade nått fram. Pengarna var framme. Det var som han uttalat sin sista mening.

Ibland kom hans sambo på besök. Oftast var de gulliga mot varandra, men tyvärr kom hans svarta ögon fram då och då för att snabbt uttrycka missnöjdsamhet, överlägsenhet eller bara förakt. Sen kom han på sig själv och försökte vara trevlig igen. Allt var som förr. Hans reaktioner, väntetiden, och sedan förnekelsen att något har hänt. Triggern fanns där, reaktionen fanns där, eftertanken fanns där. Allt var kvar, men i någon slags miniprocess där allt gick mycket fortare. Det som förut resulterade i veckor av tystnad skedde nu på några minuter. Kanske hade han börjat se sina präglingar, kanske inte. Det enda jag visste var att han alltid reagerade, aldrig agerade. Jag tyckte synd om honom. Han var ju egentligen så mycket mer.

Tillbaka på hotellrummet. Satt på sängen och kände in min kropp, blundade och fokuserade på mina känslor. Inget hat, ingen rädsla och ingen aggression gentemot min far. Min syn på döden medförde ingen rädsla å hans vägnar. Kunde jag sörja? Kunde jag känna medlidande? Kände mig tom och insåg att aggressionerna mot honom, ilskan mot honom och all frustration var borta, men att sorg och besvikelse fanns kvar. Sorg och besvikelse för att inte ha en far.

Bandet mellan min far och mig var borta. Relationen var borta. Jag sörjde att aldrig haft en far. En 50-årig pojke utan far. Jag kunde ursäkta alla människor på jorden med mentala problem och som skulle fallera att vara en god förälder. Alla kunde få min förlåtelse, nog var jag människa nog att förlåta min egen far? Hur skulle han kunna vara en far? Hade han saknat armar skulle jag inte krävt att bli upplyft i hans famn. Utan språk kan han inte tala till mig som sin son och det förstod jag nu. Lättnaden över att inse detta var enorm. Denna natt slapp jag räkna stenar.

Dagen därpå

I hissen, på väg upp till sjukhussalen mötte jag en äldre kvinna. Hon var kort och helt vithårig med pigga ögon. Hon liknade min farmor som hade dött några år tidigare. Jag funderade på om jag skulle berätta för farsan om upplevelsen jag haft innan hon dog och om hennes begravning som han givetvis inte kom på. Något år innan farmor dog gled hon ut och in i demensens dimma. Dagen då jag skulle hjälpa henne flytta till äldreboendet var hon pigg och ville prata. Hon frågade mig om jag mött Jesus. Jag ville inte ljuga för henne så jag berättade att jag inte mött honom…..än. Jag lade till "än" så hon skulle tro att jag i alla fall letade efter honom. Hon tog tag i min hand och berättade länge om hur det kändes att möta Jesus. Jag ville inte avbryta henne, men jag kände igen känslan hon beskrev från tiden efter mitt "uppvaknande". Tiden efter att jag insett att den jag alltid trott jag var, inte var mitt egentliga jag. Världen och människorna i den var så mycket vackrare efter den insikten. Det var som om jag betraktade världen omkring mig utan ett präglat filter. Jag undrade om vi talade om samma sak? Hade vi olika syn på omvärlden beroende på vår spirituella mognad? Kanske var det i alla fall samma upplevelse, med olika tolkningar.

Farmor dog strax efter denna händelse och begravningen var fantastisk. Hon hade varit religiös i hela sitt liv, men hennes begravning var helt utan religiösa tecken till skillnad från farfars som hade alla symboler och sånger. Den stora skillnaden var att enbart den närmsta familjen fick komma.

Farmor hade orkestrerat hela ceremonin och slutpunkten var höjdpunkten. En sång av Ulf Lundell, en sång vars text förkunnar att man inte behöver några döda kyrkor för att nå Gud. Det var som om farmor mognat från ett stadie där skrifter tolkas bokstavligen till en mer andligt mogen nivå. Farmor var en så klok kvinna, hon talade till oss från andra sidan. Utan att vara i livet lyckades hon ge oss hopp och öppnade en dörr på glänt. En dörr utanför religionens bojor. Kanske rent utav en dörr till Gud.

Jag visste det inte då, men nästa besök hos farsan skulle bli mitt sista. Han var om möjligt ännu magrare och underkäken hängde slappt när jag klev in i sjukhussalen. Jag satte mig bredvid honom och lät honom sova. Det skalliga huvudets skinn var märkligt ungt. Hade han haft lite hull och friskhet i huden skulle han nog inte se ut att vara mer än 60 år. Armarna saknade muskler och jag insåg plötsligt att han hade en kraftig benstomme. Händerna var jättelika och han utstrålade kraft i all sin futtighet. Plötsligt darrade kroppen till och han vaknade. Jag skämtade med honom som vanligt. Min enda väg in i honom, humor och lättsinne. Han log och vi utbytte några ord.

Jag insåg att vi inte kommer utveckla några revolutionerande idéer eller tankar, men det gjorde inget. Vi var tillsammans och han hade uppnått någon slags sinnesfrid. Han såg lugn ut. Någon halvtimma gick och han började bli dåsig igen. Jag reste mig upp och gick fram till honom för att ge honom en kram. En kram som jag visste skulle bli den sista. Han lyfte försiktigt på armarna som för att försöka krama mig, men han förmådde inte. Orkade, men förmådde inte. Jag pussade hans panna. Han var varm och len som vanligt.

Hej då farsan, sa jag som om det var sista gången. Han tittade stolt och kärleksfullt på mig. Hans ögon innehöll inget hat, förakt eller ilska utan bara stolthet, underkastelse och kärlek. Han såg på mig som jag vore hans son, hans far och hans farfar. Han hade aldrig haft en far, aldrig en riktig farfar eller heller aldrig en son. Han var inte kapabel och hans förfäder var inte kapabla. I det ögonblicket insåg jag att jag var hans son, hans far och hans farfar.

Hade min far givit mig något så var det möjligheten att vara en far. Mina förfäder hade aldrig lyckats. Jag har varit en bra far för att jag kan, jag har kapaciteten. Nu insåg jag att det var på grund av honom, indirekt. Han var det svarta i en vit värld, det svarta som förmådde mig se det vita. Att bejaka och våga vara det vita. Välja bort det svarta som gått i arv. Jag såg det svarta i mig och kunde därför välja det vita, konfrontera det svarta. Jag tittade en sista gång på honom och med så mycket kärlek jag förmådde. Jag kände att han kände.

Blicken dröjde sig kvar och hans leende var ärligt, ett tyst leende. Ett band hade skapats och nu skulle det aldrig klippas. Även den oundvikliga döden skulle inte kunna rå på bandet. Bandet var inom oss och för första gången var det starkt. Ett ordlöst, men lyckligt slut.

Min farfarsfar dog tidigt, min farfar tynade bort i Alzheimers och farsan strök med i cancer. En mycket dålig relation rådde mellan dessa fyra generationer. Min farfar och min far hade båda behövt vända sig inåt för att möta sig själva, möta sina demoner. De hade inte möjligheten, de levde i en värld där män ska vara tysta, tysta i fråga om känslor. Annars fick de gärna bullra. I backspegeln ser jag hur jag var en kopia av mina tidigare förfäder, på gott och ont. Jag fick däremot möjligheten att vända mig inåt och möta mig själv. Att se att det fanns en förklaring till min frustration, en anledning till min ilska och ett skäl till min självvalda ensamhet. Med en förståelse för mig själv och min omgivning förstår jag nu även mina tidigare generationer. Jag kan se tillbaka med tacksamhet, jag kan leva fridfullt i nuet och jag kan ha förhoppningar om att mitt nya och mjukare jag kan påverka kommande generationer.

På något sätt tror jag även att jag gett mina förfäder upprättelse, var de än nu befinner sig. De vet att jag älskar dem för de fantastiska människor de var, utan dem hade jag inte varit jag.

ETT AVSLUT KALLAR

Sitter framför mina medarbetare för att gå igenom kommande vecka. Mina duktiga, roliga och härliga medarbetare. En förmån att få vara chef för ett så härligt gäng. Men en känsla av ohållbarhet infinner sig. Återigen känner jag att jag är menad för något annat, men vad? En lätt panik infinner sig och min harmoni som varit så stark är nu i gungning. Går snabbt igenom veckan och avslutar mötet abrupt. Gruppen, som alla är människokännare, ser på mig med oroliga ögon. Jag ler försiktigt tillbaka.

Sitter ensam kvar i salen som jag bokat för mötet. I salen där alla politiskt viktiga beslut fattas. Raden av porträtt av tidigare ordförande hänger framför mig på andra sidan konferensbordet. De stirrar på mig som om jag har ett viktigt beslut att fatta. Tittar ut genom de stora fönstren som vetter mot entrén och parken framför kommunhuset. Två världar möter varandra. Den offentliga och den kommunala världen. Samma värld fast från två perspektiv.

Sluter ögonen och frågar mig själv vad som är fel. En lång inre tystnad infinner sig och känslan av att vara på fel plats är kvar, men jag inser snart att jag inte är på fel plats. Jag är på rätt plats, men i fel tid. Något annat vill ut ur kroppen, något vill avslutas. Jag minns samtalen med alla fantastiska människor jag mött i Ecuador, i diskussionsforum, på meditationskurser och på vandringar. Jag ser att jag har livserfarenheter som kopplats till litteraturstudier, de skaver. Förstår snart att jag har saker som vill ur systemet, något som vill få ett slut. Sakta försöker jag få struktur på vad det är.

Det känns som jag har en helhet bestående av olika delar. Delar som vill få ord. Ord som vill hitta varandra. En sönderdelad helhet som ska sättas ihop. Något som ska avslutas, eller övergå i en annan fas.

Det jag jobbat med det senaste decenniet är "känslan av jag". Utvecklingen från den som "gör" till den som "är". Ett samspel dem i mellan. En slags rymd där Jaget sakta utvecklas från en nivå till en annan. En nivå där perspektiven skiftas. En utveckling från stadiet där egot är fragilt och vill skydda sig själv. Hur egot måste utvecklas till en stark enhet innan det kan få en förening med Självet.

Självet, den som observerar, den som är. En högre nivå, en mer "andlig" nivå varifrån Jaget betraktas med medkänsla och kärlek. En självkärlek. Ett mynt som består av två sidor. På ena sidan en förståelse för vad som är. På andra sidan en förståelse för strukturen av medvetenheten. En mognadsprocess. En utveckling till en högre nivå av spirituell mognad som belönas med en vishet som kan betrakta det gamla Jaget med kärlek och medkänsla.

En fågel slår mot rutan i salen och jag kommer tillbaka till verkligheten. Fågeln, en liten gråsparv, sitter omtöcknat och tittar på mig innan den flyger iväg. Mina tankar kommer tillbaka till valet mellan underbara kollegor och det okända livet utanför. En rädsla och en nyfikenhet på det okända. Plötsligt minns jag sessionen hos hypnotisören. Insikten kom direkt, jag hade ju fått svaret framför mig. Med lätta steg klev jag ut ur salen med vetskapen om att jag ska säga upp mig, avsluta min fasta tjänst. Jag hoppar jämfota in i det okända. Återigen en insikt, ett beslut, frigörande av energi och en pirrig nyfikenhet på vad som komma skall.

*A*ND ABOVE ALL, WATCH WITH GLITTERING EYES THE WHOLE WORLD
AROUND YOU BECAUSE THE GREATEST SECRETS ARE ALWAYS HIDDEN
IN THE MOST UNLIKELY PLACES. *T*HOSE WHO DON'T BELIEVE IN
MAGIC WILL NEVER FIND IT.

*R*OALD *D*AHL

HOS HYPNOTISÖREN

- Tänk att ditt vakna medvetande är en fågel. Alla dina tankar och tvivel är i fågeln. Säg åt fågeln att flyga ut och komma tillbaka om någon timma eller så. Under tiden går du in i en underbart vacker sal. Beskriv salen för mig, sa hypnotisören.

Fågeln, en gråsparv, flög iväg på upptäcktsfärd och plötsligt stod jag i salen. Det var nästan som i en klardröm eller som en väldigt svag "Ayahuasca-tripp". Jag stod på ett vackert marmorgolv i en sal utan väggar och tak. Taket och väggarna var dolt av en vit och tunn dimma. Jag gick genom salen fram till tre tavlor som svävade i luften. Hon förklarade att tavlorna symboliserade mitt liv i tre delar.

Sakta gick jag fram till de tre guldinramade målningarna som svävade över det vita golvet. Dimman virvlade kring mina ben när jag närmade mig första tavlan. Inga distraktioner fanns, bara dessa tre objekt. För att kunna se motivet på en av tavlorna måste man gå så nära att de andra tavlornas motiv inte syns. Den första tavlan var nästan lika tom som salen. Innanför den massiva ramen av guld svävade en narrmössa med tre strutar. Varje strut smalnade av och avslutades med en hängande guldkula, stort som ett äpple. Under narrmössan fanns en stav avbildad. En röd stav, också den med en guldkula längst uppe på toppen. Narrmössan var orörlig och gav intrycket att narren hade lämnat tavlan för länge sedan.

- Vad föreställer tavlorna? frågande hypnotisören nyfiket.

Överrumplad över den fantastiskt sagolika miljön lät jag svaret vänta. Jag beundrade tavlan som var mer av en animering än en målning. Som huvudpersonen i en opera tog jag mig över det onaturligt vita golvet fram mot den andra tavlan.

I den andra tavlan svävade en kungakrona och en färgglad mantel. Manteln och kronan påminde om de man ser i klassiska kortlekar. Jag gick närmare tavlan och såg att det ståtliga skägget var synligt, men att resterande delar av kungen var lika osynliga som narrens. Denna tavla var mer av en målad karaktär.

Spänt närmade jag mig den tredje tavlan som jag förmodade innehöll en drottning eller varför inte en knekt? I luften hängde en grå kappa och en lång vandringsstav eller var det en herdestav? Huvan var uppdragen över huvudet och man kunde inte heller skönja någon person i den. Klädseln och stilen påminde mig om min inre bild av hur en gammal vis man skulle kunna avbildas. De två första tavlorna skulle, enligt hypnotisören, vara min första del av livet och den nuvarande.

Den sista tavlan skulle vara min framtid. Jag fick däremot en konstig känsla av att mitt liv låg mellan de två sista tavlorna. Som om jag hade en fot i varje tavla.

- Se dig omkring i salen. Ser du något mer?

Jag tittade mig omkring och helt plötsligt dök farmor och farfar upp. De såg precis ut som de gjorde i livet. Farmor med en aningen för liten klänning på sig. En klänning som alltid satt aningen för tight över magen. Farfar stod där med brun skjorta och gråa byxor. Farmor sade inget, men lade handen sakta på hjärtat och med en tyst mun tecknade hon orden: "följ hjärtat".

Jag räknar sakta från nio till noll. När jag säger noll är du tillbaka i soffan, sa hypnotisören.

Jag satte mig omtumlat upp i soffan och möttes av hypnotisörens vänliga blick.

- Vad tror du om tavlorna? frågade hon.
- Den gamla mannen och kungen var en överraskning, men narren var ju lite på spiken, svarade jag.
- Hur tänker du? sa hon och tittade nyfiket på mig.

Funderade över min barndom och konstaterade att jag länge betraktat den som lycklig, vilket den till stora delar var. Själva masken som narr hade nog inte framträtt förrän under tonåren och då som ett redskap för att få folk att tycka om mig. Som barn lärde jag mig snabbt att man kunde använda humor för att överkomma besvärliga situationer. Jag upplevde ofta splittring både hemma, på skolan och senare under det tidiga arbetslivet. Humorn verkade förena folk. Skrattar man åt samma sak kommer man varandra närmare. Jag gillade nog aldrig den rollen, men med den kunde jag även skratta åt mig själv. Jag hade ofta en helt annan bild av situationen än andra och när den kom fram kände jag att jag kom längre ifrån gruppen. Det var bättre att ta rollen som narr.

Resterande halvtimme gick ganska snabbt. Hypnotisören frågade mig om familjeliv och yrkesliv och kom fram till att kungarollen antagligen berodde på att jag var pappa till tre döttrar och det faktum att jag jobbade som chef. Jag trivdes som chef, men kände att jag ville slå av på takten och riktigt ifrågasätta vad jag ville göra med livet. Jag tackade för hypnosen och bestämde mig för att jag skulle promenera hem, det skulle ju bara ta en halvtimma. Dessutom en vacker promenad längs ån.

Jag slog mig ner vid ån för att njuta av utsikten och det fina vädret. Trots att jag visste att jag snart behövde fatta ett viktigt beslut så tänkte jag inte så mycket på det. Snart försvann alla tankar. Tillståndet där jag och naturen verkar vara av samma medvetande trädde sakta fram. Det kändes som om den varma vinden i ryggen gick genom kroppen. Löven dansade bredvid mig som om de vore små lekande hundvalpar. Värmen från solen var av samma värme som jag. Fågelkvittret var inuti mig. Luften i lungorna fyllde världen och tvärt om. Även om dessa stunder är korta återkommer de då och då. Jag förstod vad det Aboriginska folket menade med att allt omkring dem hade medvetande och att allt omkring dem var deras släktingar.

Tiden flöt på och jag bestämde mig för att fortsätta hemåt. Något kvarter från ån, längs ett promenadstråk hade kommunen satt upp en av sina roliga vägskyltar med citat på. Jag log för mig själv när jag läste texten och mindes min första upplevelse av Ayahuasca och hur jag lärt mig att "there are no signs". På denna fullt verkliga skylt stod det:

"Låt inte framtiden styras av rädsla!"

RUM 213
(2 0 2 0)

Vaknar av att sängen vibrerar och att ett öronbedövande ljud skär i mina öron. Jag sätter mig upp och känner en stark känsla av illamående. Det känns som jag har svimmat eller varit medvetslös en längre tid. Känner mig yr. Ser mig omkring i rummet och inser att jag är på Vipassanacentret.

Förstår först inte vad det är som låter utan öppnar fönstret för att se vad som sker utanför. Skakar bort en känsla av att ett ufo försöker stråla upp mig till rymdskeppet för en undersökning. Det känns som en energi finns i rummet. Energin vill mig inte väl.

På åkern, ett par hundra meter bort, står en maskin och brummar högt. Tre starka lyktor lyser mot mig. Tolkar det som en skördetröska alternativt en maskin som ska sätta upp ett vindkraftverk bredvid de andra. Jag lägger mig ner och lyckas snart somna om.

Vaknar vid midnatt och vilar i tillståndet mellan dröm och verklighet. Plötsligt dundrar ett gigantiskt spel ner genom taket. Spelet sträcker sig från taket ända ner till golvet. Det är fantastiskt vackert med fina färger. Det är en variant på "Titris". Spelet går ut på att det hela *tiden ramlar ner brickor med nummer på. Två likadana brickor slås ihop till en bricka. Spelet fortsätter tills brickorna fyller spelplanen.*

Inser att det är en dröm, men att det inte är en medveten dröm. Det verkar som om jag fortfarande är i zonen mellan dröm och verklighet. Plötsligt hör jag en "inre röst" som säger att Vipassana och spelet fungerar likadant. Spelet kräver uppmärksamhet och jämvikt för att övervinnas. Blir du stressad eller ouppmärksam kommer du förlora. Ge dig akt på brickorna! Det är likadant med Vipassana; resten av livet måste du vara uppmärksam på förnimmelser, reagera inte på dem med begär eller motvilja och Sankaras[15] försvinner. Sätter mig upp i sängen av yrsel och rädsla. Inser var jag är och skrattar lite åt drömmen, eller synen. Reflekterar över vad jag upplevt och tycker det är konstigt med obehagliga känslor i detta tillstånd. Har ofta upplevelser mellan dröm och verklighet, men de har alltid varit behagliga. Detta var första gången ett visst obehag infann sig.

Två dagar senare lägger jag mig tidigt för att vila ut inför morgondagens meditationsövningar. Nästan direkt känner jag vibrationer i sängen ackompanjerat med ett dovt obehagligt ljud. Sover någon timma för att vakna till ett väldigt skrapande oljud, på gränsen till outhärdligt. Jag hör hur grannarna sover och gör bedömningen att jag borde kunna möblera om för att slippa vibrationerna. Jag hämtar extra täcken och madrasser. Lägger mattor under sängens ben i ett försök att hitta ett perfekt läge där vibrationerna känns svagare. Det hjälper lite, men inte tillräckligt. Vill inte väcka personalen så jag försöker somna om. Det är lönlöst,

---

[15] Sankara kallas de "triggers" som en person utvecklat under livets gång genom att agera med begär eller motvilja.

min rädsla för att få Tinnitus av oljudet håller mig vaken. Spenderar några timmar utomhus där ljudet och vibrationerna inte når mig.

Tydligen hade jag lyckats somna eftersom jag vaknade sent på morgonen och höll på att missa meditationspasset där absolut stillhet skulle uppnås. Meditationen gick ut på att sitta helt stilla i tystnad under en hel timma. Direkt när jag kommit ner i varv hörde jag hur pipet i öronen tog över. Under hela meditationspasset växte min panik eftersom jag trodde att jag fått Tinnitus under natten. Timmen, som var den längsta i mitt liv, segade sig fram och när den var över hade jag bestämt mig för att avsluta kursen. Jag ville ju inte ta mer skada av oljudet.

Männens servare Daniel och jag träffade meditationsläraren för att berätta om problemet och att jag ville åka hem. Hon log och förklarade för mig att många som kommer till centret redan har Tinnitus, men att de inte upptäcker det förrän de sitter i full tystnad. Jag, som nu hade glömt allt om sinnesjämvikt, krävde mer eller mindre aggressivt att få åka hem direkt. Daniel berättade pedagogiskt att han hittat ett perfekt rum till mig. Han sa det på ett så bra sätt att jag var beredd att prova en dag till. Jag gav med mig.

Väl i det nya rummet kände jag hur lugn jag blev. En helt annan atmosfär och helt tyst. Jag kröp ner i sängen och njöt av tystnaden......i tjugo sekunder. Sakta började jag känna vibrationer och ett svagt ljud. Direkt insåg jag att vibrationerna berodde på att jag blivit så känslig. Det var inte rummet, det var jag som skapade vibrationerna. Efter att ha tänkt igenom var jag kunde ha fått Tinnitus så insåg jag att det var mer troligt att jag fått det på hårdrockskonserterna än i ett tyst rum på centret.

Ett lugn infann sig och jag bestämde mig för att ta en skogspromenad. I skogen insåg jag att jag kommit in i ett hyperkänsligt tillstånd. Hörde hur insekterna flög förbi mig, vindens viskande i träden och fåglarnas vingslag när de jagade varandra mellan buskarna. Satte mig på en stubbe och kände dess vibrationer direkt. Det skrapande ljudet hördes inte bland skogens alla ljud. Intrycken som jag fick från den omgivande naturen var som honung för själen. Mot alla instruktioner satte jag mig under de stora träden vid vandringsstigarna och mediterade. Känslan var otroligt helande. Det var nog den mest fantastiska upplevelse av "ett med allt" jag någonsin haft. Lättat berättade jag om mina slutsatser för Daniel och läraren.

På dag åtta kom jag till insikt att jag antagligen aldrig kommer få ett så känsligt sinne igen. När jag kommer hem kommer jag snart vara lika avtrubbad som innan de tio dagarna. På kvällen innan jag somnade försökte jag därför framkalla syner. Det hade ju inträffat hemma ibland, oftast när jag var utvilad. Nog skulle det fungera nu också.

Efter att ha lagt mig så bekvämt jag kunde täckte jag för ögonen med en liten mörk handduk och "stirrade" rakt in i ögonlocken. Direkt såg jag att det inte var helt svart utan det fanns gråa partier som pedagogiskt skapade en viss rymd. Snart såg jag ett tiotal gråa streck teckna sig i mörkret. Ju mer jag tittade på dem ju närmare kom de, som om de flöt mot mig. När de var "inom räckhåll" upplöstes sträcken och ombildades till en vacker gren med löv på. Det såg ut som ett träd från regnskogen. Snart tecknades även en orm bland löven. Ormen flöt närmare och närmare. Den såg helt neutral ut. Inte som om den hade ett meddelande till mig eller så, bara en nyfikenhet. Ju tydligare jag försökte se ormen ju mer backade den för att åter igen ombildas till grenar och sedan till streck igen. Kvällen och natten flöt på och scen efter scen framträdde framför mig som korta innehållslösa drömmar. Det var en massa småscener som utspelade sig framför mig, inget jag kunde eller ville tolka.

Jag insåg att jag inte borde ha experimenterat med meditation och drömmar. Det var mycket svårt att börja med Vipassanameditation efter detta.

På dag nio, när man fick börja prata med de andra kursdeltagarna, berätta jag om mina upplevelser för en elev som suttit ett tiotal kurser. Han såg allvarligt på mig och frågade om det var rum 213. Han log mot mig när jag bekräftade och påstod sedan att det var hemsökt. Han själv och flera han talat med vägrar sova i det rummet. Några spöken hade jag ju inte sett, men oljudet kändes aggressivt och rummets energi var obehagligt, kanske hade han rätt. En rolig berättelse blir det i alla fall, tänkte jag.

S L U T E T   O C H   B Ö R J A N
(N U)

Hör regnet slå mot fönstret och radions dova toner från köket
där min fru förbereder lunchen. Framför mig ligger
korrekturet till "Känslan av jag". Texten som jag läst, ändrat
och förbättrat eller kanske rent av försämrat. Texten känns som
ett avslut och en början på något nytt. Sedan den senaste, eller
kanske rent utav den sista kursen i Vipassana har jag inte
mediterat en enda sekund. Jag har inte försökt få några syner,
inte försökt drömma några "vakna drömmar". För tillfället är
allt över. Det som sker får ske. Behovet är borta.

Jag ler vid tanken på att allt i mitt liv framstår som
synkroniserat eller rent av planerat. Allt blir bra om jag bara
tillåter saker att ske. När jag observerar, när jag är. När jag klär
mig i fjärilens vingar.

Det är som om texten som flutit ut ur mig har tagit med sig
ambitionen att nå djupare i medvetandet, djupare i mig.
Texten har fått såren att läka och jag har fått svar på mina
frågor eller så har min undran stillats.

Jag ser bakåt med kärlek, ser på nuet som en vän och på framtiden som ett äventyr. Förklaringen eller förståelsen för mitt tidigare liv har tagit bort aggressionen och bytt den mot förståelse. Nuet är logiskt. Nuet känns som ett naturligt flöde skapat av tidigare händelser. Ett händelseförlopp som kan bevittnas utan fördömande. Utan krav ger jag nuet en chans att blomstra.

Känslan av jag är kvar i huvudet. Men känslan av jag är nu även i bröstet. Känslan av jag betraktas och omfamnas medvetet, omfamnas av medvetandet. Ett förstående och kärleksfullt medvetande utan fördömande.

Små och stora vågor av medvetande som sakta för med sig Jaget, ser Jaget, integrerar Jaget.

Omfamnar och förstår Jaget, älskar Jaget.

Utan Jaget kärlek.

Med Jaget något större än kärlek, en tillit.

En tillit som kan läsas från båda perspektiven.

Känslan av jag.

Till kvinnorna i mitt liv;

Till min hustru, en del av mitt hjärta.

Till mina härliga döttrar som överträffar mig i allt.

Till min mor som förstående vinkar av mig på varje spirituellt
trappsteg för att välkomna mig på nästa.

Till farmor och mormor för er oerhörda styrka.